新视野·文化遗产保护论丛（第二辑）

文化遗产保护理念进步

单霁翔 著

天津大学出版社
TIANJIN UNIVERSITY PRESS

图书在版编目（CIP）数据

文化遗产保护理念进步 / 单霁翔著 .—天津：天津大学出版社，2017.1
（新视野 · 文化遗产保护论丛 . 第二辑）
ISBN 978-7-5618-5768-7

Ⅰ . ①文… Ⅱ . ①单… Ⅲ . ①文化遗产—保护—研究—中国 Ⅳ . ① G122

中国版本图书馆 CIP 数据核字（2017）第 035689 号

策划编辑 金　磊　韩振平
责任编辑 张明硕
装帧设计 谷英卉

出版发行 天津大学出版社
地　　址 天津市卫津路 92 号天津大学内（邮编：300072）
电　　话 发行部：022-27403647
网　　址 publish.tju.edu.cn
印　　刷 北京信彩瑞禾印刷厂
经　　销 全国各地新华书店
开　　本 148mm × 210mm
印　　张 8
字　　数 238 千
版　　次 2017 年 1 月第 1 版
印　　次 2017 年 1 月第 1 次
定　　价 36.00 元

自序：

把工作当学问做 把问题当课题解

“新视野·文化遗产保护论丛”出版在即，出版社嘱我写一个自序。心怀往昔，愿以时间为轴写出自己简短的感言，希望聚焦有启迪意义的文化历程，也希望表达充满真情实感的“乡愁”。

2011年8月25日清晨接到通知，我将要离开工作近10年的国家文物局，到故宫博物院工作。消息突然，没有精神准备。记得当天上午工作日程是在中国文化遗产研究院做专题报告。一路上，10年来的工作情景在脑海中闪过，想到在走向新的岗位之前，应该对以往工作进行回顾，负责任地进行工作交接，于是到会场后便放弃了已经准备好的多媒体演示内容，改为讲述参与中国文化遗产保护的体会，将近两个小时的畅谈，仍感意犹未尽，充满着回望与寻觅的思绪。

如今看来，当年的工作状态可谓“不堪回首”。就在接到通知那天之前的一周内，还经历了“南征北战”的过程：8月18日在吉林长春为市、县政府领导培训班做文化遗产保护报告；8月20日在西藏拉萨参加中国西藏文化论坛；8月21日在四川雅安参加茶马古道保护研讨会；8月23日和24日在福建福州分别参加全国生态博物馆、涉台文物保护总体规划评审，国家水下文化遗产保护中心福建基地启动，三坊七巷社区博物馆揭牌等活动。

一周数省，这就是当年常态化的工作状况。是什么力量支撑着自己一路前行？除了文物人“敢于担当、乐于奉献”的情结外，恐怕最主要的就是“把工作当学问做、把问题当课题解”的工作方法。不断出现的问题、不断凸现的矛盾和不断涌现的挑战，将时间撕裂成一块块“碎片”，甚至一天之内要进行几次“脑筋急转弯”。如果不能针对闪过的想法及时停下来思考、面对发现的问题及时静下来反思，就会陷于疲于应付、不堪重负的境地。城乡建设大规模展开的时期，必然是文化遗产保护最紧迫、最关键的历史阶段。只有“把工作当学问做、把问题当课题解”，才能在复杂的情况下，夯实基础，居安思危，防患未然；在困难的情况下，深思熟虑，心中有数，底气十足；在紧急的情况下，头脑清醒，敢于直面，坚守底线。

“把工作当学问做、把问题当课题解”的工作方法，需要持之以恒，读书、思考、写作、归纳，早已成为每天的必修课。无论是在考察途中的汽车里，还是在往返的飞机上，抑或是在家中的书桌前，以电脑为伴，将考察的感想、调研的体会、阅读的心得及时记录下来。正是因为这一次次的梳理思绪、深化认识，长期下来，居然积攒下上千万字的记录，包括论文、报告、访谈、提案，林林总总，其中既有“一吐为快”的真实感受，也有“深思熟虑”的肺腑之言，还有“临阵磨枪”的即席表达。将它们汇集起来，既是一个时期实践经验的点滴记载，也是一个时代文化遗产事业的综合纪实，还是一个文化遗产保护工作者不息生命的心灵写作。面对这些海量且繁杂的“原生态”记录，早已萌生出按照内容进行分类归纳的愿望。所幸天津大学出版社伸出援手，以“新视野·文化遗产保护论丛”为名，按照不同内容进行分辑分册，涉及文化遗产保护基础建设、文化遗产保护项目实施和文物博物馆事业发展等诸多方面。

一路走来，吴良镛教授的学术思想始终像一座灯塔照亮我前行的方向。“把工作当学问做、把问题当课题解”，源于吴良镛教授所倡导的“融贯的综合研究”理论框架。就是力图从更广阔的视野、更深入的角度，分析和梳理文化遗产之间的内在联系，探索和建立新的文化遗产类型和相应的保护方式，使制约文化遗产事业发展的重点、难点和瓶颈问题不断得以有效解决。实践证明：文化遗产保护、城市文化建设、博物馆发展，在方法上、尺度上、内容上虽然各有不同，但是三者有着共同的研究对象，三位一体进行“融贯的综合研究”，则可以呈现出中国特色文化遗产保护的新视野。

从1984年进入城市规划部门以来已经30余载，从1994年进入文物系统以来也已经20余年，其间有不少令人难忘的回忆。有幸在职业生涯的最后一站，来到故宫博物院，一方面继续享受紧张工作带来的压力和挑战，另一方面得以将几十年来积累的体会应用于具体实践。今天，更为突出的感受是，只有“把工作当学问做、把问题当课题解”，且加强全程管理，才能使每一项工作都与细节管理挂起钩来，把桩桩件件事情都做得细之又细，才能获得持续发展的后劲。

北京时间2014年6月22日15时19分，从卡塔尔首都多哈传来喜讯，在第38届世界遗产委员会会议上，中国大运河被列入《世界遗产名录》。30分钟后，跨国联合申报的“丝绸之路：长安—天山廊道的路网”也顺利通过评审。作为大运河和丝绸之路保护与申报的参与者和见证者，我格外激动和自豪。2015年5月5日，从文化遗产保护现场又传来好消息，世界文化遗产——大足石刻千手观音造像抢救性保护修复工程竣工，看到“前方”传来修复后的美轮美奂的千手观音造像影像，我激动不已。回想2008年“5·12汶川大地震”后的第8天，我们从四川地震重灾区赶到重庆大足，看望已经800岁高龄的千手观音造像，看到早已满目疮痍的文物本体又被地震殃及，当即决定开展抢救保护工作，将其列为石窟类保护的“一号工程”，如今千手观音造像再现“慈祥的微笑”，得以功德圆满。的确，每当昔日的努力成就今日的收获，都是文化遗产保护工作者最幸福的时刻。

2006年6月10日，我们曾以无比喜悦的心情迎来了中国第一个“文化遗产日”。10年的奋争，10年的坚守，10年的耕耘，10年的收获。再过半个多月，我们又将以无限期待的心情，迎来中国第十个“文化遗产日”。谨以“新视野·文化遗产保护论丛”献给这一节日，献给长期以来用智慧和汗水呵护文化遗产的文博同人，祝愿祖国的文化遗产永葆尊严；献给长期以来用真情和热心关注文化遗产的社会民众，祝中华文化遗产事业蓬勃发展。

2015年5月25日

目录

城市化进程中的文化遗产保护[1]

（2006年5月10日）

在城市化加速和开展大规模城乡建设的背景下，我国文化遗产保护总体面临着“前所未有的重视和前所未有的冲击”并存的局面。就大多数历史文化名城而言，面临着“局部状况有所改善和整体环境持续恶化”并存的局面。一方面，国家对于文化遗产保护立法速度加快，资金投入加大；另一方面，一些历史文化街区迅速消失，文化遗产遭到破坏。

一、城市化加速背景下文化遗产保护面临困境

我国的城市化进程比发达国家晚得多，从19世纪后半期开始，速度很慢，发展也不平衡，东南部沿海较快，而内地大部分地区仍处于农业社会。至20世纪70年代末，城市化率约为14%。随后，城市化速度加快，至1986年达到26%，1999年达到29.5%。进入21世纪，城市化进入加速发展阶段。

1996年，中国政府发表《中华人民共和国人类住区发展报告》，提出到2010年，全国城镇人口达到6.3亿左右。城市化水平达到45%左右。这是一个历史性的跨越。9年后的2005年，中国城市化水平已经达到40%以上。照此发展，到2010年，中国的城市化水

① 此文发表于《北京观察》，2006年第5期，第29页。

平超过45%，2020年将达到60%。

北京鼓楼鸟瞰

一些发达国家的城市化历程证明，城市人口超过总人口的30%，每年城市化率将增加1%~2%。这就意味着今后中国每年将有1 000万至2 000万的农业人口移居到城市。在此情况下，住房、就业需求必将引发大规模的城市建设，造成城市规模迅速扩大，城市建设与文化遗产保护之间的矛盾异常突出。

（一）城市规划编制思路亟须改进

面对城市化迅猛发展之势，历史性城市的总体规划往往仍然沿用单一中心的规划布局和传统城市扩张模式，使城市中心功能过分聚集，建成区的扩张呈“摊大饼”趋势，“分散集团式”的结构模式、“环形加放射”的路网格局等方式也难以应对日益恶化的交通、环境、文化遗产保护等问题。

巴黎鸟瞰

维也纳斯特凡大教堂

（二）城市“千城一面”的问题突出

目前，“特色危机”成为城市建设中的共性问题。规划手法抄袭趋同现象十分普遍，造成“南方北方一个样，大城小城一个样”。不少城市追求大体量的建筑物、大规模的建筑群，导致城市面貌千篇一律，致使一些独具特色的历史性城市和历史文化街区，正在被杂乱无章的新建筑群所淹没。

（三）“旧城改造”造成“建设性破坏”

历史性城市的旧城区有较好的区位优势，位于房地产开发商高价争夺的黄金地段，这些地区同时又是城市记忆保持最完整、最丰富的地区。一些城市在“旧城改造”的旗帜下，为追求经济效益最大化，实施“推平头”式拆迁，盲目地在旧城区兴建高层建筑，使文化遗产和历史环境遭到严重破坏。

（四）“危旧房改造”引发社会问题

一些城市在实施“危旧房改造”工程中，将危房和旧房混为一谈，一并列入拆迁范围，引进房地产商业开发，不适当地要求“就地平衡”；不惜以拆除传统建筑为代价，谋求开发收益，对居住邻里不屑一顾，破坏原有的社区组织；片面追求基础设施和住宅的统一建设，忽视历史文化街区的多样性特色。

（五）年久失修造成传统建筑衰败

由于长期以来“重改造、轻管理”的方式和房屋产权制度不完善等原因，导致传统建筑失修失养，基础设施条件简陋，危房数量大幅增加；同时居住人口急剧膨胀，违法建设情况严重，造成居民生活条件恶化，致使历史性城市中心地区出现房屋破旧、人口过密、居住拥挤、环境恶化等衰败的趋势。

（六）“政绩工程”凸现短期行为

一些城市领导者力求在任期内使城市面貌发生“日新月异”的变化，热衷实施“政绩工程”，突出表现为小城镇盲目模仿大、中城市，片面追求大广场、大草坪、大水面、景观大道，为了气势而不顾环境，把高层建筑作为城市现代化的标志，而将文化遗产视为城市建设的包袱和障碍。

（七）建筑设计缺少文化内涵

近年来，建筑设计刮起“欧陆风”，把欧美各个时期的建筑流派堆积在一起，每栋建筑极端地强调个体的面孔与性格，追求形式上的独特和怪异，却很少考虑它与环境的文化关系，大部分的设计既无历史文化内涵，也无建筑创作意境可言，导致历史地段的民族传统、地方特色逐渐失落和让位。

（八）穿过式交通影响旧城道路格局

一些城市的道路交通规划理念和设计手法陈旧，为了解决机动车不断增长带来的交通压力和满足高速快捷的城市交通需要，投入大量资金拆房修路，采取拓宽传统街道，建设穿过式交通干道和立体交叉道路系统，使“曲径变通途”，改变了旧城空间形态及街巷肌理，导致旧城传统道路格局的破坏。

（九）擅自改变文物管理体制

有的地方将文物保护单位等国有文化遗产转让、抵押给企业作为资产经营。文化遗产不是一般的物质财富，而是一种文化资源，具有公共性和公益性特性，而企业投资开发文化遗产的主要目的是追逐利润的最大化，往往表现为急功近利，甚至导致竭泽而渔、破坏文化遗产的恶性事件发生。

（十）错位开发造成文化遗产伤害

一些文化遗产面临游客超载、错位开发的严重威胁。游客威胁，主要表现为“人满为患”；开发威胁，主要表现为“楼满为患”。“人满为患”，使文化遗产不堪重负，给文物本体带来无法弥补的损害；“楼满为患”，使文化遗产地“商业化”“人工化”和“城镇化”，严重损害了文化遗产的原生环境。

（十一）法人违法的现象屡禁不止

一些地区或部门的决策者守法意识不强，一旦文化遗产保护与经济利益构成冲突，无论行为是否触犯法律，也不管专家学者如何呼吁，他们总会千方百计利用权势去破坏那些历经千百年的珍贵文化遗产。独具特色的历史文化街区渐渐从人们的视野中消失，使人们感受到文化遗产保护软环境的恶劣。

（十二）文物安全形势依然严峻

屡见不鲜的违法建设、盗掘古墓葬、盗窃馆藏文物、文物走私和非法交易等屡禁不止，文物犯罪活动出现集团化、智能化、暴力化趋势。同时，文物行政执法的体制不顺畅和机构不健全，严重影响了执法力度和行政处罚力度，致使一些违法事件没有依法得到严肃处理。

（十三）应对自然灾害缺乏科技手段

必须承认，在频发的自然灾害面前，文化遗产往往显得十分脆弱。雨水入侵、风沙危害、自然坍塌、生物虫害等自然破坏使不可移动文物面临着诸多挑战；霉变、酥碱、起甲、变色、脱落等问题，使馆藏文物难以长久保存。在文物本体保护的诸多技术难题面前，今天科学技术的贡献率尚不高。

（十四）资金短缺影响保护工作开展

限于经济发展水平，政府财力远远不能满足文化遗产保护的需要，特别是经济落后地区更难以对文化遗产保护提供经费支持。同时，资金来源渠道狭窄，严重依赖政府财政，民间资金投入文化遗产保护未形成规模。经费短缺的直接后果是大量文化遗产保护工作不能及时到位，小病拖成大病。

二、文化遗产保护工作设想和发展展望

城市与城市中的人都正在迈向现代化，而越是现代化，人们对于城市历史文化方面的追求就会越突出，文化遗产在城市中的地位就会越重要。民族传统、地方特色就会同时代精神一起，越发成为人们衡量城市品位优劣的重要标准。

21 世纪头二十年是我国文化遗产保护事业发展的重要战略机遇期，“十一五”时期尤为关键。在这一关键时期如何加强城市化加速进程中的文化遗产保护，应重点在哪些方面开展工作？笔者提出如下工作设想和发展展望。

（一）探索区域整体协调发展战略

实现区域经济协调发展，既是国家的发展战略，也是大多数城市发展的客观要求。特别是历史性城市通过实施区域规划，可以缓解在城市性质、规模、布局方面过于集中的压力，通过整合资源、提升质量，在继续加快发展的同时，切实促进文化遗产的保护和利用，更好地适应经济全球化、区域经济一体化的趋势。

（二）“跳出旧城，发展新区”

在城市化加速进程中，新城和旧城的关系问题变得更加突出。对于历史性城市来说，重新确定城市总体布局结构，明确新的城市发展方向，就成为城市首先面临的战略性问题，也是历史性城市保护的首要问题。城市发展实践证明，“跳出旧城，发展新区”的发

展模式，有利于保护与建设互不干扰，相得益彰。

长汀城墙

大理大理古城

（三）树立城市规划中的保护观念

城市规划是综合性、全局性、战略性的发展蓝图，涉及生活中的各个领域。因此，必须将文化遗产保护的思想贯彻到城市规划的各个层面，避免文化遗产保护与其他工程建设的割裂。城市规划要树立文化遗产不是城市发展的包袱，而是城市发展的财富、资本和动力的观念，将文化遗产保护融入城市设计之中。

（四）贯彻旧城“有机更新”方针

历史文化名城保护和城市规划管理工作中，应废除“旧城改造”的错误方针和口号。旧城要实施整体保护。旧城内的传统建筑重在加强日常修缮和采取“有机更新”方式加以改善。特别是动员社会资金，以自助力量进行小规模整治与改造，既有利于保护传统特色和原有社区结构，也有利于住宅产权制度的改革。

（五）尊重城市原有路网格局

旧城用地性质和规模的控制应与交通控制相结合。旧城在规划上要防止城市快速路穿越；要避免形成超大规模的街坊，建设用地规模应符合旧城街巷的肌理，避免破坏原有的路网格局；应严格限制货运和私人汽车进入旧城；大力发展公共交通，特别是完善地下轨道交通，形成对旧城未来交通格局的有力支撑。

（六）注重保持和发扬城市特色

城市化的发展必然带来文化的趋同，要重视城市文化的历史渊源，重视区域文化的差异，重视文化多元的保护。保护与城市血脉相连的传统历史文化，保留先人们留给我们的街道、房子、礼仪、风土人情、生活习俗、饮食起居，保留一个城市独一无二的特色，因为只有这样才能保留住这个城市的精神世界。

（七）加强城市考古研究工作

城市应作为考古的重点对象，城市考古与历史性城市保护的关系非常密切。每一个古代城镇都有自己独特的发展特点，虽然历朝历代都有变化，但是由于生产力水平低下，城镇的基本规模和街道布局很难改变，历代积淀下来的遗存，就是城市中蕴含着的极为丰富的历史信息，这是文化遗产中最宝贵的一部分。

（八）强化文化遗产保护法治

在加快城市化进程中，文化遗产保护的软环境格外重要，主要包括有关文化遗产保护的法律制度、决策者和执行者的保护理念、社区及公民的保护意识。在软环境诸要素中，法律制度因具有强制性而最为刚性。在国家法律制定之后，单项法规成为国家法律的外延或执行细则，是对具体的文化遗产最直接的法律支持。

（九）遵守文化遗产保护的原则

文化遗产的保护不是一项简单的、短期性的建设行为，而是一项高层次的、长久性的文化活动。必须遵循“保护为主、抢救第一、合理利用、加强管理”的方针，在“不改变文物原状”的前提下，对文化遗产的保护要坚持真实性和完整性原则，对文化遗产的维修要坚持可读性、可识别性和可逆性原则。

（十）扩大文化遗产保护领域

近年来，文化遗产的保护领域不断扩大。继历史文化街区、村镇纳入保护范畴之后，文化景观、文化线路、文化遗产廊道、文化空间等新视点越来越为人们所接受。应当加强对这些文化遗产保护领域新成员的研究，把更多的反映人类社会进程的各类文化遗产列入保护之列，这也符合国际社会的最新潮流。

（十一）重视保护与利用的结合

将文化遗产列入文物保护单位或收藏进博物馆，并不是保护工作的终极目的。保护文化遗产的根本目的在于“子子孙孙永葆用”，这一保护过程要传之久远。重视保护与利用的结合，就要挖掘文化遗产潜在的文化内涵、经济价值和对城市发展的积极意义，使文化遗产融入现代社会生活，发挥更大作用。

（十二）提高保护管理人员素质

做好文化遗产的保护工作，人才比资金更重要。要通过加强培训，有计划地培养不同专业、不同年龄段的专家和管理者，逐步提高专业人员占就业人员总数的比例，并实行文化遗产保护人员持证上岗、文化遗产保护机构负责人应取得文物行政部门颁发的资格证书的制度，从整体上提高文化遗产保护人员素质。

（十三）建立更加紧密的学科联系

文化遗产保护与社会科学和自然科学的诸多学科有着紧密的联系,在理论研究和实践中有着共同关心的课题,应该相互补充与完善。因此，文化遗产保护作为综合、全面、系统的学科，应与其他学科的理论和实践建立更为密切的合作关系，对于相关的学科领域的发展与建设都会具有显著的促进作用。

（十四）改善保护事业社会公共形象

文化遗产事业要善于调动城市化加速进程中的积极因素达到保护和发展的目的。作为公益性事业应更加注意自身的社会公共形象，取得社会的理解和支持。在现代信息社会中，文化遗产地不应将自己封闭起来，孤立于社会之外，而要使她变成美丽的地方，让她的历史气息、文化氛围为人们带来欢乐和灵感。

（十五）实施文化遗产保护全民动员

要通过宣传普及与文化遗产相关的知识，让更多人分享文化遗产蕴含的丰富价值，增强民众对文化遗产保护的意识，努力形成全社会关心、爱护并参与文化遗产保护的氛围。要使全社会关心并支持文化遗产事业，就要充分发挥民众监督作用，把文化遗产保护工作置于全社会的关注和监督之下。

休养其身心，活跃其思维[1]

（2006年7月20日）

今年借在昆明召开第三次文化文物援藏工作会议之机，我们在大理召开全国文物局长座谈会。文化部每年在7月份都召开一次全国文化厅局长座谈会，用3~4天的时间在北京以外的地点召开，其中包括开展一些结合工作的参观考察，用孙家正部长的话说："休养其身心，活跃其思维。"而在年中召开一次全国文物局长座谈会，今年还是第一次。但是我们也在考虑并和大家商量，今后是不是我们每年在年中也召开一次全国文物局长座谈会，会议可以安排在一个文化遗产资源相对丰富，过去大家去的机会相对较少的地区召开，会议方式可以松散一些，以参观和研讨为主，给各位局长在紧张忙碌了半年之后，提供一个稍加喘息的机会，思考一些问题，相互交流一些体会，国家文物局也想借此机会向大家通报一些工作意见。如果各位局长因为工作离不开等原因参加不了座谈会，也可以委托其他领导成员参加。

今天因为时间原因，会议先委托我介绍一些情况，供大家结合本省、区、市的情况加以考虑，通盘安排下半年的工作。

去年年底的全国文物局长会议之后，文化遗产保护的形势发生了一些变化。首先是在去年年底发布了《国务院关于加强文化遗产

① 此文为在全国文物局长座谈会上的讲话。

保护的通知》，对加强文化遗产保护工作提出了进一步的要求。国家设立了“文化遗产日”，扩大文化遗产保护工作的社会影响。国务院公布了第六批全国重点文物保护单位和第一批非物质文化遗产名单，扩大了文化遗产保护的工作范围和对象。半年来，国家领导多次对文化遗产保护工作作出重要指示，胡锦涛主席、温家宝总理亲自见证了我国和柬埔寨、阿富汗等国开展文化遗产保护合作双边协议的签署。

全国文物局长会议

在这一形势下，全国文物部门奋力拼搏、努力实践，使今年上半年各项工作取得了积极的进展。

在文物保护法规体系建设方面：抓紧制定了《长城保护条例》（草案），并通过了国务院法制办公室的讨论，已经正式上报国务院。制定了《古人类化石和古脊椎动物化石保护管理办法》，已经以部长令的形式发布。《文物保护工程招投标管理办法》《文物保护工程监理资质管理办法》《南水北调工程文物保护工作管理办法》《馆藏文物保存环境达标规范》《民间收藏文物鉴定管理办法》《文物出境进境管理办法》《文物出境审核标准》等十余项管理办法和标准已经草拟完成，将陆续出台。我们注意到，在各省、区、市文物行政部门的积极推动下，各地政府也出台了相当数量的地方性法规或政府规章。关于文物保护立法，目前我们已经有了大量储备，在国家层面，今后我们争取大致按照每年由国家颁布一部，由文化部颁布两部，由国家文物局颁布若干部行政法规或部门规章的强度和密度开展工作，当然不能赶进度，更要保证质量。

昆明云南陆军讲武堂旧址

在文物行政执法督察方面，2005 年度文物行政执法专项督察的四个重点案件和今年新疆南部地区将国有文物保护单位交企业经营等违法案件，取得了令人满意的效果。在这里我要代表国家文物局向山西、陕西、福建、河北和新疆的文物行政部门表示衷心的感谢。

由于大家团结一心，坚持文物工作方针，通过艰苦努力，维护了《中华人民共和国文物保护法》（简称《文物保护法》）的尊严。我们体会到通过文物行政执法督察，纠正了违法案件对文物造成的破坏和威胁；通过文物行政执法督察，使文物保护工作获得了省、区、市政府更有力的支持；通过文物行政执法督察，树立了各级文物行政部门的威信；通过文物行政执法督察，锻炼了我们的行政执法队伍。目前采取的办法是，每一个执法督察组由省文物执法部门的领导带队，几个省的文物执法部门人员参与其中，大家共同对违法案件进行分析，这样就把对具体的违法案件进行查处的过程，变成把违法案件作为案例进行分析的过程，成为实现统一思想、统一行动的过程。

在文物保护基础工作方面，经过三年的努力，编制完成了1~5批全国重点文物保护单位档案的备案、整理和录入工作；编制完成了1~6批全国重点文物保护单位统计资料的编印工作；编制完成了《全国馆藏一级文物总目录》；继续推进文物调查及数据库管理系统建设项目，今年又启动了浙江、河北、陕西、四川、广西5省区文物调查项目建设工作；启动了非文物系统国有文物收藏单位建档备案试点工作。所有这些成果的取得来之不易，每一项成果都饱含着各省、自治区、直辖市文物工作者的艰苦努力和辛勤汗水，所有这些成果也都为开展全国文物普查奠定了重要基础。

在人才培训方面，在总结省级管理干部培训工作经验的基础上，今年文物、博物馆管理干部培训班试点在地市一级展开。例如与湖北省文物局联合委托武汉大学举办了湖北省地市州博物馆馆长和文物管理所所长培训班，培养了全省11个地市州和7个文物重点县的25名馆长、所长；委托华中师范大学举办了湖北省地市州文化文物局长培训班，培养了全省11个地市州和8个文物重点县的25名文化文物局长。目前两个培训班都已结业。同时，继续举办世界文化遗产地负责人培训班。

在推动重点文物保护工作方面，完成了晋东南全国重点文物保护单位维修方案的编制和审批工作，为元代以前古建筑维修保护项目的实施奠定了工作基础。组织了山西应县木塔抬升方案论证会，按照保持现状加固维修的思路，积极推进了此项目的进程。西藏三大工程进展顺利，重点加大了检查和指导力度。大遗址保护工作进展顺利，推动丝绸之路（新疆段）、渤海国遗址、西安地区大遗址、洛阳地区大遗址、京杭大运河等重点示范项目的实施。继续开展南水北调和三峡工程中的文物保护工作，召开了第五次南水北调工程中文物保护协调组会议，目前已经有 50 多支队伍进场，确保了文物保护工作能够及时、有效开展。批准了南海一号沉船整体打捞和保护的方案，今年此项工作有望顺利实施。

大明宫考古遗址公园

台藏塔修缮工程现场

在世界文化遗产保护等方面，本月在立陶宛共和国首都维尔纽斯召开的联合国教科文组织第30届世界遗产委员会会议上，我国申报的殷墟和四川大熊猫栖息地被列入《世界遗产名录》。至此，我国已拥有33项世界遗产。长城保护工程正式启动，并推动山海关长城保护工程等的顺利实施。顺利召开了中国工业遗产论坛和第二届文化遗产保护与可持续发展国际会议，并分别形成了《无锡建议》和《绍兴共识》，以推动工业遗产保护和城市化加速进程中文化遗产的保护。

在文化遗产保护专项资金方面，积极争取财政部、国家发展改革委等部门的支持，资金总数已达到5.3亿元，较去年同比增长138%，今年将再度大幅度提升，达到7.2亿元。我们的目标是明年要突破10亿元。同时，我们正在积极争取其他途径对文化遗产保护的资金支持，例如正在争取国家设立西藏文物保护十大重点工程的立项；争取商务部开始设立我国文化遗产保护援外工程专项资金；争取科技部对我们正在开展的重点科研课题给予更多的支持。

特别需要指出的是，在全国文物系统的共同努力下，成功开展了第一个“文化遗产日”的纪念和庆祝活动。国家文物局隆重表彰了为设立“文化遗产日”作出特别贡献的11位专家以及70位全国文物保护工作先进个人；邀请十几个国家驻华使节参加了在周口店和颐和园的相关纪念活动。与文化部和财政部共同举办了“文化遗产日特别展览——国家珍贵文物征集成果”大型展览。全国各地都举办了内容丰富、形式多样的展览、演出、讲座等活动，充分展示出我国文化遗产的丰富内涵和独特魅力。许多博物馆、文物保护单位在“文化遗产日”当天免费开放，举办大型群众性活动，开展咨询服务。据不完全统计，“文化遗产日”期间，全国各地公共文化设施免费接待观众人数为600多万人次，参观各类文物、博物馆设施、场馆的人数创造了同时期历史新高。“文化遗产日”期间，报刊、电视、电台、网站等媒体积极组织文化遗产保护专题报道。人民日报、新华社、光明日报、中央电视台等中央各大媒体集中宣传“文化遗产日”活动，纷纷刊发评论员文章、文化遗产日特刊。人民网、国家文物局网站等开展了文化遗产日宣传口号征集活动，《中国文物报》出版多期“文化遗产日专刊”。由中央电视台科教频道制作的4小时直播节目《中国记忆》在全国产生广泛影响。在节目播放期间，中央电视台网络直播在线人数超过5万，网页访问量超过50万人次。配合“文化遗产日”活动，中国文化遗产保护公益歌曲等宣传片在中央电视台等媒体多次播放。

以上这些成绩的取得，是全国文物工作者努力拼搏，辛勤工作得来的，特别是我们广大的基层文物工作者付出了更多的辛劳。借此机会，我代表国家文物局，向大家表示诚挚的感谢！

通过半年来的实践，我们也更加深切地体会到，在城市化加速进行和大规模城乡建设持续展开的背景下，我国文化遗产事业总体将长期面临着“前所未有的重视和前所未有的冲击”的局面。在这一特殊时期，对于文物部门来说，关注文化遗产安危，采取积极保护措施，一马当先，责无旁贷。另一方面，国务院去年底发布的《国务院关于加强文化遗产保护的通知》中，首次在主题词中使用了“文化遗产”这个词汇，这一变化将会对文化遗产保护工作带来什么，需要我们深入研究。我认为在过去的百年间，由“古物”到“文物”再到“文化遗产”，每一次保护对象名词的变迁，都不是简单的用语的变化，而必然带来保护领域的一场深刻变革和巨大变化。全国重点文物保护单位数量的翻番、新农村建设中文化遗产保护的展开、工业遗产保护的升温、线性文化遗产保护的引人注目，以及非物质文化遗产的保护等,文化遗产保护工作中不断出现的新挑战、新问题，都使我们深刻地认识到这一深刻变革和巨大变化的客观存在，也认识到作为文物行政部门所肩负的责任和使命日益加大和加重。我们为在这一关键时期担负文化遗产保护重责而深感骄傲，也为在这一关键时期所必须担负的文化遗产保护重责而深感责任重大、不可懈怠。我们要按照法律赋予的职责，坚决依法办事，不怕碰硬、不惧强权，切实履行职责，扎扎实实开展工作。我们深知在一线的文物工作者，条件更加艰苦、工作压力更大，我们要对他们的工作予以更加切实的强有力的支持和帮助。

我们也深刻认识到，保护文化遗产需要得到全社会的关注和支持。我们要通过不懈的努力，凸显文化遗产在经济和社会发展中的重要地位和作用；我们要通过不懈的努力，使文化遗产保护的成果惠及更广大的民众；我们要通过不懈的努力，使文化遗产益寿延年、永续利用，这些也是对多年来文化遗产保护工作成果的总结和检验。我们广大文物工作者要善于创造、把握和利用好当前的有利时机，加大文化遗产保护的宣传力度，不断开展有新意、有亮点、有广泛影响的活动内容和形式，满足社会公众对文化遗产的兴趣和关注，最大限度地吸引他们认识保护文化遗产的重要意义，为最终形成政府主导，全社会共同关心、参与文化遗产保护的新局面而不懈努力。

2006年时间已经过半，作为“十一五”开局之年，下半年的工作，将直接影响到文物事业“十一五”开局之年是否顺利。因此下半年，我们要更加紧密地团结，以更加务实的态度，更加扎实的工作，着力解决文化遗产保护面临的一些突出问题，开展好以下几项主要任务。

（1）继续加大文物行政执法力度。加强文物行政执法工作，是确保《中华人民共和国文物保护法》和《国务院关于加强文化遗产保护的通知》精神得到贯彻执行的关键。因此，下半年国家文物局将会同各省、自治区、直辖市文物行政部门继续加大行政执法力度，狠抓上半年执法督察重点案件的整改和落实工作。在全面总结经验的基础上，今年国家文物局继续开展文物行政执法检查，在检查过程中确定了今年重点执法检查的地区和项目。例如宣城市擅自在全国重点文物保护单位广教寺双塔保护范围和建设控制地带内违法建设案件、重庆大足石刻被作为企业资产交企业经营违法事件、河南博爱县大王庙大殿后院碑刻文物遭严重破坏违法事件、通辽市库伦三寺保护范围内违法建设事件等。有关处理工作目前正在进行中，因为其中一些案件涉及宗教问题，上周我们到国家宗教局通报了情况，取得了基本一致的意见。在这些案件查处的过程中，我们将继续争取和支持省政府对违法案件的处理，保持与省级文物行政部门的沟通和联系，争取将一件件破坏文化遗产的坏事，变成推动文化遗产保护的好事。近日将由国家文物局有关领导带队继续赴各省，会同省文物行政部门对今年重点督察案件进行指导、检查，直至问题得到彻底纠正。根据各省整改情况，及时向国务院进行报告，并向各省政府反馈情况。如果因为我们执法工作的不利，使《中华人民共和国文物保护法》变成一部软弱的法律；如果我们文物行政部门在执法过程中依法作出的决定，对违法行为和违法分子没有威慑力；如果我们眼看着一些破坏文化遗产的行为得不到纠正而继续蔓延……我们将是严重失职，愧对我们肩负的神圣职责。反之，我们勇敢捍卫《中华人民共和国文物保护法》的尊严，与违法犯罪行为作坚决的斗争，我们必然赢得社会的尊重，实现文化遗产保护的良性循环。当然，文物行政执法是全方位的，包括《中华人民共和国文物保护法》所涉及的方方面面，例如违法积压考古发掘报告等，我们还要对各省文物行政执法情况和案卷进行评比和表彰。

（2）依法加强第六批全国重点文物保护单位的保护工作。第六批 1 080 处全国重点文物保护单位已经公布。但是我们一定要认识到，由于第六批全国重点文物保护单位量大面广，保存和管理状况比较复杂，还出现了新的文化遗产保护类型，其基础工作、安全工作是全国重点文物保护单位的薄弱环节。这些都对目前的管理水平提出了新要求，增加了新难度。尤其是从今年行政执法检查的情况来看，还有一些保护单位的情况不明，管理混乱。因此，各级文物行政部门要高度重视，尽快使第六批全国重点文物保护单位的保护状态，达到前五批全国重点文物保护单位的水平。各省级文物行政部门要集中力量，严格按照《中华人民共和国文物保护法实施条例》的规定，做好第六批全国重点文物保护单位的“四有”工作，在明年“文化遗产日”前夕，报请省、自治区、直辖市政府划定保护范围，作出标志说明，建立记录档案，设置专门机构或指定专人负责管理，并争取全面完成第六批全国重点文物保护单位记录档案的备案工作。同时，在下半年由省级文物行政部门组织开展一次第六批全国重点文物保护单位的安全检查。

（3）继续加强文物资源调查研究，为开展第三次全国文物普查工作做好准备。国家文物局将在“十一五”期间组织开展第三次全国文物普查工作，对尚未纳入《中华人民共和国文物保护法》保护范围的地上地下不可移动文物，全部予以登记并公布，并根据其文物价值核定公布为相应级别的文物保护单位。此项工作已经在第一次国家文化遗产保护领导小组会议上进行了部署，并已经列入了《国家“十一五”文化发展规划纲要》，因此，我们要立即行动起来，举全国文物部门之力，抓好此项工作。目前，中国文物研究所已经完成了《第三次全国文物普查可行性研究报告（第三稿）》，包括《第三次全国文物普查实施方案》《第三次全国文物普查办法》《第三次全国文物普查工作流程》《第三次全国文物普查工作经费投入建议》《第三次全国文物普查不可移动文物认定规则》《第三次全国文物普查不可移动文物定名规则》《第三次全国文物普查登记表》及《著录说明》等一系列文件。同时，与河南、内蒙古和浙江等省、自治区文物行政部门一起开展了文物普查的试点工作。

第三次全国文物普查，是20世纪50年代和80年代两次全国文物普查工作的继续和发展，是新时期我国文物保护工作的重大基础工程，也是“十一五”期间我国基本国情国力调查的重要内容之一。这次全国文物普查的目的应是，通过对全国范围内不可移动文物的全面调查，掌握其数量、分布、保存情况和生态环境。普查的对象应包括，各级文物保护单位和已知其他不可移动文物的复查，新发现文物的普遍调查和登记。调查范围应是全国（除港、澳、台地区外）地上、地下、水下的各类不可移动文物。第三次全国文物普查，是关系到我国文化遗产保护工作全局的大事。掌握文物信息，摸清文物家底，整合文物资源，推动保护战略的实施，是摆在我们面前十分严峻的问题。

虽然新中国成立以来我们进行过两次全国文物普查，但是限于当时的条件，这两次普查还存在漏查或漏登的问题。自上次全国文物普查以来，国内外的形势发生了巨大变化，我国文物事业在取得长足发展的同时，也面临着城市化加快、大规模建设、文物生存环境巨变，甚至文物本体遭到破坏等新形势。因此，有必要全面掌握新形势下我国不可移动文物的数量、分布、现状、价值等基本国情资料，为应对新形势、科学决策提供可靠依据。同时，随着科技的进步，现代遥感技术、勘察技术已经越来越多地应用于文物调查工作，GPS 等技术也有利于进行准确的文物测绘，文物工作者的素质更是有了极大提高，这些将为全国文物普查工作提供充分的技术保证和人员支持。这也是前两次全国文物普查工作所不可比拟的。国家文物局将及时制定普查标准、开展培训，完成若干地区普查试点，在条件具备时及时在全国铺开。也希望大家提高认识，高度重视，把这次全国文物普查作为一项重要工作列入日程，精心组织，统筹安排，认真做好普查的各项前期准备工作。要及时制订可行的工作计划，加强领导，明确职责，各省级文物行政部门要组建普查领导小组和实施小组，做好组织动员、调查研究、人员培训、宣传报道等项工作。

（4）进一步加强世界文化遗产的保护管理工作。近年来世界文化遗产申报工作捷报频传，但是如何加强世界文化遗产管理，同时也成为人们关注的焦点问题。为了切实加强世界文化遗产保护，近日孙家正部长建议在年内召开“世界文化遗产保护工作座谈会”。为此，我们要抓紧开展以下工作，一是近日国家文物局将向世界文化遗产地发布通知，就世界文化遗产地管理体制、遗产地保护范围、建设控制地带和缓冲区的保护管理状况，遗产地文物维修情况和记录档案的建立情况，遗产地保护管理规划的制定和实施情况，遗产地周围环境景观的控制情况，遗产地保护管理法规的制定和实施情况等开展调查。二是建立世界文化遗产的监测机制。在今年 8 月至 9 月间，针对九部委通知的落实情况，组织力量实地开展监测和调研，通过监督、检查、检测、记录和报告等手段，掌握世界文化遗产保护的动态情况。三是完善《世界文化遗产保护管理办法》《世界文化遗产监测巡视办法》，争取早日以部门规章形式颁布。

今年下半年国家文物局还将重新建立世界文化遗产的预备名单，抓紧完成《中国世界文化遗产预备名单》重设工作。设定预备名单将仿照国际评审世界文化遗产的程序进行，在对申报项目进行初评的基础上，由中国世界文化遗产专家委员会对备选项目进行考察评估，专家委员会作出推荐评估意见后，由国家文物局确定预备名单，向社会公布。预备名单实施动态管理，适当时候将符合条件的项目增列入预备名单，保护管理不到位的项目也将从预备名单中删除。世界文化遗产申报工作，将与联合国教科文组织世界遗产中心合作，做好丝绸之路跨国申报世界文化遗产相关工作。8 月初在新疆吐鲁番共同召开丝绸之路跨国联合申报世界文化遗产国际协商会，并开展丝绸之路相关学术准备和沿线遗产调研活动。适时启动中国、意大利、中亚五国等联合申报工作。同时，做好大运河遗产整合申报世界文化遗产的前期调查工作。

（5）提升博物馆社会教育功能和作用。要进一步加强和改进博物馆工作，充分发挥博物馆在经济社会发展中的突出价值和作用。对于新建博物馆，重点是加强指导，把增加博物馆的数量与提高质量结合起来，当前尤其要在提高质量上狠下功夫。既要着力于丰富品类、合理布局，凸显特色、完善功能，又要着力于充分论证，科学选址，确保规模适当，设施齐全，实现博物馆社会作用的有效发挥。省级文物行政部门要按照《博物馆管理办法》第十四条的规定，加强博物馆建设工程前期可行性研究、立项、实施等环节的协调指导和评估论证，促进科学决策。

要进一步提升陈列展示和社会服务水平。各地要以科学发展观为统领，按照贴近实际、贴近生活、贴近群众的要求，增强博物馆的服务意识，坚持面向大众，提高陈列展览等文化产品的知识性、趣味性、观赏性、互动性和可参与性。要认真贯彻《进一步加强和改进未成年人思想道德建设的若干意见》，充分发挥博物馆的社会教育功能，努力使博物馆成为青少年校外教育的重要内容和课堂教育的必要补充。各级文物行政部门要引导建立有效的馆校联系制度，实现博物馆教育与学校教育的有效衔接，探索建立博物馆参与未成年人教育、国民教育体系的长效机制。

要抓住当前正在进行的文化事业体制改革的机遇，坚持公益性文化事业单位的性质，结合博物馆事业的特点及各单位的实际，选准改革的突破点，采取行之有效的措施，推动体制创新，转换运行机制，建立“开放、流动、竞争、协作”的新机制，全面拉动博物馆的各项改革，增强博物馆的创新能力和运转活力。

各位同人，《国务院关于加强文化遗产保护的通知》得以发布，

“文化遗产日”得以确立，文化遗产事业进入了一个新的重要战略机遇期。同时城市化加速进程和大规模城乡建设，也使文化遗产保护处于关键的十字路口，我们面对的矛盾更加复杂，责任更加重大。现在距离《国务院关于加强文化遗产保护的通知》中提出的在 2010 年初步建立我国比较完备的文化遗产保护制度，还仅有 5 年时间，我们肩负着重要的历史使命。我们要对照《国务院关于加强文化遗产保护的通知》中的重点工作和突出问题，以更加高效的工作作风和更加顽强拼搏的精神状态，齐心协力把文化遗产事业的各项工作推向前进，取得更大成绩，让中华民族的文化遗产瑰宝发出更加灿烂夺目的光彩。

实现文化景观遗产保护理念的进步[1]

（2008年9月28日）

一、文化景观遗产的提出与定义

（一）文化景观理念的早期认识

文化景观作为人类文明的产物，是一定历史时期经济、政治、文化和社会发展的结晶。由于地理条件、气候环境的不同，造就了东西方不同的文化景观理念。

在我国，地理环境与文化景观方面的研究具有悠久的历史。我国先民在选择自身定居点时，出于对生存环境和防御需求的考虑，往往对周边的山水地貌格外关注。古代不同类型的城市选址考虑的因素各不相同，对环境的要求也各有所别。尽管如此，在处理人类与自然的关系方面，始终遵循一定的规则，体现一定的规律性，形成了我国特有的城市景观和山水文化，将自然环境的变化通过特定的城市景观表现出来。

国际社会上，“文化景观”一词自20世纪20年代起已经开始应用，主要是指自然风光、田野、建筑、村落、厂矿、交通工具和道路以及人物和服饰等所构成的文化现象的复合体。文化景观的形成是一个长期的过程，每一历史时代人类都按照其文化标准对自然环境施加影响，并把它们改变成文化景观。

① 此文发表于《现代城市》，2008年第3期，第1页。

旧金山老码头

（二）文化景观概念的深化研究

在西方文明中，长期以来强调以人为中心，强调人的内在价值，强调人的个性张扬，与东方文明将人类自身视为自然的组成部分的理念截然不同。工业革命以前，无论是东方文明，还是西方文明，以及由不同文明建立起来的城市和乡村，都是以农业文明为背景，人类尚无足够力量改变自然，自然界生态环境和山水格局，对城市的发展依然起着至关重要的作用。

工业革命以后，人们从城市环境的退化、社会资源的浪费、全球生态的恶化、城市风貌的丧失中认识到，人类面临的种种危机，本质上是文化危机，原有的东方文明中的人类与自然和谐相处的文化价值观和生活方式重新引发人们的思考，越来越多的人意识到自然环境与文化景观保护的重要性。

20世纪60年代以后，与景观和环境相关的概念开始出现在有关国际文件中，引起国际社会的普遍关注：

1962年12月联合国教科文组织第12届会议在巴黎通过的《关于保护景观和遗址的风貌与特性的建议》，1964年5月通过的《威尼斯宪章》，1976年11月联合国教科文组织第17届会议在内罗毕通过的《关于历史地区的保护及其当代作用的建议》以及1977年12月签署的《马丘比丘宪章》等。

（三）文化景观遗产的国际共识

1992年12月，世界遗产委员会第16届会议在美国圣菲召开，决定将具有突出的普遍价值的文化景观纳入《世界遗产名录》。至此，世界遗产的体系中增加了“文化景观遗产”这一新的类型。文化景观遗产的确立使世界遗产更具平衡性和代表性。

文化景观遗产作为连接文化与自然的纽带，与以往单一要素的遗产相比，更加展现出人类长期生产、生活与自然之间所达到的和谐与平衡，强调人类与环境之间相互关照、共荣共存的可持续发展理念。同时，文化景观遗产突破了单体层面的遗产保护，迈向整体环境保护及非物质遗产保护层面的延续与发展。

二、文化景观遗产的理论探索

（一）“文化”“景观”与“环境”

文化（culture），是指人类社会实践过程中所创造的物质财富和精神财富的总和。文化是一定的历史阶段、一定的地域环境、一定的人类种群的生存状态、生活习惯、思维方式的反映。

景观（landscape），是指人类和自然与事物之间形成的所有可视现象，是人类所能看到的视觉环境，即在现实生活中不但包含狭义的“景”，还包括人们对景的“观”，以及人们在“景”中实现“观”的体验过程。从广义上说，一些景观都与文化有关，“景观是指留下了人类文明足迹的地区”，因为实际上所有的景观都从某种程度上受到人的行为的影响。

环境(setting)，是指涵盖遗产内部的与外部的、个体的与相互的、历史的与现在的、物质的与非物质的复合的客观存在，以及多方面的复合的客观存在及其多方面的相互关系。一处优秀的文化景观必然拥有良好的环境，而一处良好的环境却可能因为缺少文化内涵，而不能成为优秀的文化景观。

圣伊格纳西奥米尼村遗迹教堂遗址

（二）“文化景观”的若干基本特征

文化景观体现文化与自然的共同创造。文化与自然密不可分，在经济、社会等因素的驱动下，产生持续的相互交替影响，创造出两者延续性的关联状态，文化景观是这一状态的外在表征与载体，充分体现出一定时期内，在物质条件限制和自然环境提供的机会的影响下，在内部和外部连续的社会、经济和文化力量的作用下，人类社会及居住区的演变过程以及作为景观的各种文化现象与成就。

文化景观体现物质与非物质的联合互动。文化景观构成类型复杂，不仅包括形象生动的物质实体，还往往包含着文化的起源、扩散和发展等方面的有力证据。文化景观通常具有一定的空间性、时代性和功能性，传统、艺术、宗教的积淀，赋予了文化景观丰富的文化内涵。因此，文化景观不但是人类文化经过时间和空间的积淀而形成的一种物质载体，也是能够集中反映民族特色、信仰传承、文化融合的非物质文化遗产的物质载体。

文化景观体现系统与整体的综合价值。文化景观反映不同区域独特的文化内涵,往往出于社会、文化、宗教上的要求,并受环境影响,与环境共同形成独特的系统。文化景观区别于其他文化遗产类别，能够充分代表和反映其所体现的文化区域所特有的文化要素的整体。

文化景观体现连续与互动的长期结合。文化景观是人们依靠所生存的自然环境，按照自己的需要，有意识地在自然景观之上创造出的文化形态。文化景观的价值在人类与自然的不断协调、呼应和互动中得到体现，成为不断变化的、始终鲜活的文化形态。

（三）“文化景观遗产”的研究与实践

自 1992 年起，世界遗产体系中增加了文化景观遗产以来，与其相关的讨论与研究一直持续不断，而且议题不但涉及文化景观遗产的界定方法、分类与价值体系、全球战略等理论层面的问题，并涉及文化景观遗产的申报程序、评估标准、保护利用管理等实务层面的问题。

随着人们对世界遗产认识的深化和对世界遗产类别的完善，1993 年 12 月，世界遗产委员会第 17 届会议正式通过了关于文化景观的行动计划，积极开展对文化景观遗产的主题研究，1993 年曾被列为世界自然遗产的汤加里罗国家公园成为《世界遗产名录》中第一处文化景观遗产。

文化景观遗产与其他类型的文化遗产以及自然遗产相比较，最突出的特点是强调文化与自然的互动关系，人类与环境之间的相互影响，土地可持续利用的特殊方式以及整体保护的理念。

三、文化景观遗产的类别与特征

（一）自然环境背景下的城市类文化景观

城市类文化景观，是经过几个世纪，甚至更长的历史时期发展变迁逐步形成的景观；是具有明显地域特征，为广大民众所熟悉的景观；是反映自然和文化和谐关系，具有重要美学价值的景观。

在我国古代城市的形成和发展中，文化观念的影响极为广泛而显著,并成为其独具特色的基本因素,揭示出历史性城市的美学价值。千百年来人们在选择自然山水地貌进行城市规划建设时，就开始注意与自然的结合、协调,将人居环境建设合理地组织到自然环境中去，为城市未来的发展奠定了良好的物质基础。

（二）融入自然环境中的乡村类文化景观

乡村类文化景观，包含了人类与自然环境之间交互作用的多种表现形式，通常反映出可持续土地利用的先进理念和技术，同时考虑到建立这些文化景观所处的自然环境的特点和限制。

保护乡村类文化景观对促进现代可持续的土地利用方式和技术

具有重要的借鉴意义，能够维护或增强文化景观中自然环境方面的价值。持续存在的传统的土地利用方式保证了世界许多地区的生物多样性和文化多样性，因此对文化景观遗产的保护也是对保持生物多样性和文化多样性的贡献。

（三）文化与自然共生的山水类文化景观

山水类文化景观，一直处于国家、城市人们审美体验和审美活动的中心位置，不间断地影响着人们的生活、思考和艺术创作。它们不是单体自然元素的简单叠加，而是通过人们的审美活动，巧妙地将各类要素组合起来，构建起一个完整的、独特的视觉审美体系。

山水类文化景观中城市、乡村与山水地貌之间的关系是人类与自然双向适应的结果，在人类与自然的交融中，自始至终贯穿着人类看待自然的观念和对应策略的变化，反映出自然和文化的演进过程。

（四）处于大自然怀抱的宗教类文化景观

宗教类文化景观，是指由于宗教的地理分布、发源地、传布路线，宗教与地理环境的关系，形成的对文化景观影响的区域。宗教类文化景观，体现在经过较长历史时期的积累，演变成一定地区内诸多宗教场所的共同存在，并使其宗教传统、观念渗透到世俗生活，在一定地区形成的强烈的宗教文化氛围。

（五）延续文化与生活的民俗类文化景观

民俗类文化景观，是指在一定空间范围内，在民俗的起源、形成、传布和融汇的过程中，形成的区域特征和文化景观。其中包括居住、迁徙、服饰、饮食、岁时节令等社会传统习俗以及农业、贸易、手工业、工艺等物质生产方式，它依靠习惯势力、传袭力量和心理信仰约束，形成物质文化和精神文化的表现。

民俗类文化景观遗产，紧密联系了物质与非物质遗产的构成要素，其价值不仅体现在有形的文化遗迹上，而且体现在无形的社会观念中，对城市的建造、民众的行为具有一定影响。

（六）体现文化生态演进的遗址类文化景观

遗址类文化景观，是从历史、审美、人种学或人类学角度，具有突出的普遍价值的人类工程或自然与人类联合工程所展示的考古文化区域。这些遗址是不可再生的极为珍贵的历史、科学、艺术资源，是承载人类文明的主体，是延续古代文明的有力物证。

我国古代城市的发展，地域时空跨度之大，历史延续时间之长，为世界城市发展史中所罕见，是一个连续变化又独具特色的完整系统。相关文化景观的形成、延续与发展，涉及多方面的因素，社会、经济、政治、文化、技术、历史传统、地理环境等，都从不同侧面和不同程度上反映到文化景观的形态上。

四、当前文化景观遗产面临的挑战

（一）来自保护理念方面的差距

当前在我国城市建设中，缺乏把文化与自然结合起来进行统筹规划的思路，造成不少城市循序渐进、自然生长的传统文化空间急速减少，新旧区域空间形态的矛盾不断加剧，城市文化特色迅速消亡。不少城市对传统中轴线、天际轮廓线进行不恰当的改造，使得城市文化特色日渐模糊，历史文脉延续的轨迹难以寻觅，失去文化景观的原有魅力；不少城市历史街巷肌理遭到破坏，文化街区和特色建筑被大量拆除，文化景观的重要物质载体不断消失。

（二）来自社会变迁方面的压力

近代以来，城市化进程加快，城市出现前所未有的爆炸式发展。城市原有的与自然和谐相处的文化景观，由于无法接纳和承受强加于自身的发展压力而变得支离破碎。科学进步与技术支持带来了生产力的逐步提高，根本性地改变了粗放式的农耕传统，改变了大地农田景观，推动了民族地区工业化和商品化的进程，改变了人们的意识形态，同时，也改变了村寨的自然景观和生态环境。

镇远县青龙洞

随着我国城市化进程的进一步加快，乡村景观发生更大变化，一些新景观要素伴随着旧景观要素的消失而出现，新景观格局取代旧景观格局，文化景观功能也随之发生变化。

（三）来自天灾人祸方面的威胁

人类总是面临着如地震、火山或洪水等自然灾害。文化景观遗产也面临着一些突发自然灾害的破坏和战争等人为因素的威胁。

如果说自然灾害尚属于极端的实例，那么一些历史性城市忽视传统城市格局和历史风貌特色，在世界文化遗产的保护区、缓冲区以及不恰当的地段，建造大体量建筑物或高层建筑群，导致文化景观严重破坏的实例更应发人深省。

玉树转经山路

五、保护文化景观遗产的若干措施

（一）确立正确的保护理念

文化景观遗产的价值评估是实施保护的前提。当前，亟须从历史、科学、文化和艺术等不同角度，建立起文化景观遗产价值评估的理论框架，高屋建瓴地进行分析，以宏阔的文化视野，解析不同文化景观遗产的历史意蕴和文化价值以及它们在人类发展的时空中和历史文化的长河中存在的必然性和对后世所具有的深远影响。

文化景观遗产的概念代表了文化景观及其环境的所有物质要素

与非物质要素。对于文化景观遗产价值评估，必须充分体现文化景观的形式和特征。

（二）完善科学的保护法规

国际社会关于文化景观遗产的保护形成比较完备的法规体系。

日本于1966年颁布了《关于在古都保存历史风貌特别措施法》。法国1943年2月通过了《纪念物周边环境法》，1962年颁布了《保护地区法》（《马尔罗法》），1983年和1993年分别颁布了《建筑和城市遗产保护法》与《风景法》。文化遗产及周围环境共同构成的文化景观，已经不容置疑地成为法国人生活环境的重要组成部分。

东京皇居

杭州市先后颁布实施了《杭州市西湖龙井茶基地保护条例》

（2001年）、《杭州市历史文化名城保护规划》（2003年市政府通过）、《西湖风景名胜区总体规划》（2005年国务院批准），以加强对西湖文化景观遗产的保护。

虽然保护城市文化景观的理念已经为专业人士和广大民众所接受和理解，但是迄今为止，我国仍然没有适用于指导城市文化景观保护的标准规范和实施准则。

（三）制定有效的保护规划

历史性城市是在一定的自然环境条件基础上，通过人类文明与自然造化之间长期的相互作用，而缓慢形成的文化结晶。尊重文化景观遗产延续的客观规律，认识原有城市文化及空间特色的价值，并在充分论证的基础之上，留存一定数量和规模的文化景观遗产作为城市发展的历史基因，引导城市空间健康有序地协调发展，已经成为当代城市规划师和城市管理者不可推脱的共同历史责任。

文化景观遗产保护规划不仅是现代城市规划理论与技能所面临的重要挑战，也是世界文化遗产保护领域的新课题。制定科学的文化景观遗产保护规划，需要对文化景观区域以及相邻地区的地质、地理、水文、植被、历史、人文等，开展深入的综合性科学考察，摸清历史上以及近几十年来地理环境的演变趋势，为真正科学地制定永续保护文化景观遗产的规划提供第一手资料和依据。

（四）实施有力的保护措施

文化景观这一概念可以视为一种保护与管理历史性城市、历史文化村镇及其环境的有用的方式方法。对城市文化景观实施的干预应当建立在对文化景观价值和背景环境进行全面而详细分析的基础上，根据城市文化特色和集体记忆理解城市原有文化景观结构的合理性，对历史性城市或城市历史中心开展详细的调查，对重要的建设项目进行严格的审核。

西湖是一处“活态的文化景观遗产”，一方面深受中国历史、传统文化和社会生活的影响，另一方面也对当地乃至中国的文化、经济、社会产生极为深远的影响，形成了杭州文化城市人文画卷的亮丽底色。近年来，杭州市为保护西湖文化景观，对“三面云山一面城”的地理格局采取了严格的保护控制措施，对水质保护、水域恢复、茶园保护、遗产展示等都作出了卓有成效的努力，并已取得了显著的成果。杭州开展的新西湖景观评选活动，既是对活态传统的延承，也是对文化景观遗产价值的继续诠释，体现出广大民众参与西湖保护和文化传承的自觉性。杭州市民的这种文化自觉，更为文化城市的发展增添了巨大的原动力。

今年中国文化遗产日的主题是“文化遗产人人保护，保护成果人人分享”。我们相信，在文化城市中，人们履行保护的职责，也分享保护的快乐，并实现文化与城市的水乳交融，弘扬文化城市的迷人魅力。

我国文化遗产保护的发展历程①

（2008年9月）

进入21世纪，面对蒸蒸日上的经济社会发展形势，人们开始关注文化遗产的保护。文化遗产保护概念不断扩大，保护理念也不断深化。今天，文化遗产保护已不再是单纯的物质文化遗产的保护，而是更多地立足于对自然生态环境、历史变迁轨迹、人的内心世界的尊重。因此，重新认识人类社会复合系统中的文化遗产保护，是新的时代赋予我们的重要任务。

1. 早期文物保护理念的形成

我国素有保护古代遗物的悠久传统，正像商周时期的青铜器上常见铭文“子子孙孙永葆用”所表达的理念，人们在祈愿江山社稷世代相传的同时，对前朝的珍贵器物，也有了妥善保存，永续利用的愿望。商周时期，皇室、贵族宗庙内“多名器重宝”，保存着为数不少的青铜器、玉器以及前朝的其他遗物。汉代皇室收藏亦十分丰富，“创置秘阁，以聚图书”，其中既有典籍，也有绘画。但是，长期以来统治阶层只是将这些器物看作赋予其政权合法性的某种依据，或仅为满足个人私好。唐代文化鼎盛，从此时的诗句“每著新衣看药灶，多收古器在书楼”（张籍《赠王秘书》）、“唯爱图书

① 顾朝林：《城市与区域规划研究（第3期）》，第24页，北京，商务印书馆，2008。

兼古器，在官犹自未离贫”（朱庆余《寄刘少府》）中可以看出，当时文人雅士热衷于收藏和鉴赏前朝器物。宋代文化再兴，被视为中国考古学前身的金石学，即形成于北宋时期，主要是以青铜器和石刻为主要对象，进行比较系统的分类、著录并加以考证和研究。北宋曾巩的《金石录》最早使用“金石”一词，之后，吕大临的《考古图》及《释文》是现存最早而较有系统的古代器物图录；赵明诚的《金石录》著录金石拓本已多达两千种。至南宋，无论是钱币、玺印、铜镜，还是画像石、砖瓦等物均有著录。于是，金石学开始在我国成为专门之学，为研究五代以前，尤其是研究商周秦汉史，提供了宝贵的资料。

高邮宋代城墙

“文物”一词在我国出现较早，最早见于战国初期成书的《左传》。《左传·桓公二年》中有“夫德，俭而有度，登降有数，文物以纪之，声明以发之”的记载；在《后汉书·南匈奴传》中亦有“制衣裳，备文物”的记载，但是从文献记载中可以了解到，“文物”在当时主要是指礼乐典章制度，与现代的“文物”基本是不同的概念。但是到了唐代，杜牧诗：“六朝文物草连天，天淡云闲今古同”中所称“文物”即指前代的遗物，其含义已接近于现代所认识文物的概念。从宋代开始，往往将前朝器物统称之为“古器物”或“古物”。在民间，明代和清代初期比较普遍使用“古董”或“骨董”，到清代乾隆年间又有了“古玩”一词。

“文物”准确概念的产生是近代科学兴起与发展的结果。诞生于近代西方的考古学，尝试用科学发掘和断代的办法获取古代遗存，并将那些古代遗存变成科学地复原人类历史和文化的工具，这些古代遗存也就有了“文物”这一具有全新内涵和意义的词汇。在我国，20世纪初通过对古代遗存发掘和研究，重建古代历史的现代考古学出现，才带来了现代意义上的“文物”的概念。这一概念改变了人们对待古代遗存的思维习惯和行为方式，对待古代遗存价值的认识也更多地从“物质”转到了“文化”。

我国在政府层面开始重视文物古迹的保护至今已有百年以上的历史。光绪三十二年（1906年），清廷设民政部，拟定《保存古物推广办法》，通令各省执行。“早在清光绪三十四年（1908年）颁布的《城镇乡地方自治章程》中，就将‘保存古迹’与‘救贫事业、贫民工艺、救生会、救火会’一道作为‘城镇乡之善举’，列为城镇乡的‘自治事宜’。这也许才是我国最早涉及保存古迹的法律文件”[①]。宣统元年（1909年），清廷又组织官员、学者调查国内碑碣、造像、绘画、陵墓、庙宇等文物古迹。“全国各地现

① 张松：《中国文化遗产保护关键词解》，载《中国文物报》，2005-12-16（8）。

存之古代桥梁、寺庙，几乎绝大部分均在清代进行过修葺”②。博物馆事业在我国发展较晚，1905 年民族实业家张謇创建的南通博物苑是我国第一座博物馆。直到 1912 年民国政府才筹建了国立历史博物馆，1914 年在故宫外朝成立古物陈列所，同年，民国政府颁布古物保护法令《大总统禁止古物出口令》。1919 年，朱启钤先生在南京图书馆发现宋《营造法式》抄本后，1925 年由商务印书馆大量印制，引起国内外学术界对我国古代建筑的重视和研究热情。

我国现代意义的文物保护始于 20 世纪 20 至 30 年代。1922 年在北京大学成立以马衡为主任的考古学研究室是我国最早的文物保护相关研究机构。1925 年建立故宫博物院。为了维护国家的合法权益，更好地保护文物和科学标本，1928 年国民政府设立了“中央古物保管委员会”,这是由国家设立的第一个专门保护管理文物的机构。同年内务部颁发《名胜古迹古物保存条例》。1930 年 6 月国民政府颁布的《古物保存法》，是我国历史上由国家公布的第一个文物保护法规。1931 年 7 月又颁布了《古物保存法细则》，开始将古代建筑纳入文物保护的范畴。1935 年，民国政府颁布《暂定古物的范围及种类大纲》，内容涉及古生物、史前遗物、建筑物、绘画、雕塑、铭刻、图书、货币、舆服、兵器、器具、杂物等十二类，其中建筑物又包括城郭、关塞、宫殿、衙署、书院、宅第、园林、寺塔、祠庙、陵墓、桥梁、堤闸及一切遗址。同年，北平市政府编辑出版了《旧都文物略》。近日查阅该书，得知所记录内容颇为宽泛，既包括了“城垣略”“宫殿略”“坛庙略”“园囿略”“坊巷略”“陵墓略”“名胜略”“河渠关隘略”等不可移动文物，也包括了“金石略”等可

① 谢辰生：《文物》，《中国大百科全书（文物　博物馆）》，北京，中国大百科全书出版社，1993。

移动文物，甚至包括了“技艺略”和“杂事略”等涉及今日非物质文化遗产的内容，其中不但记录了建筑、造花、篆刻、塑像、绘画以及各项杂艺，而且包括礼俗习尚、生活状况、杂剧评话、市井琐闻等丰富内容。而“坊巷略”中的记载涉及今日历史文化街区保护的相关内容。由此可见，此时对“文物”已经有了初步的整体认识。1935 年还成立了专门负责研究、修整古代建筑的“旧都文物整理委员会”。

自 20 世纪初，一些开明人士、进步学者认为我国古代建筑为传统文化之精华，应该进行系统调查，整理出版研究成果，使之发扬光大。1929 年由朱启钤先生等人发起成立了中国营造学社，其宗旨是系统地运用现代科学方法，对我国古代建筑进行“法式”和文献方面的实地调查测绘和研究考证。中国营造学社内设法式组和文献组，分别由梁思成先生和刘敦桢先生担任组长。从 1932 至 1937 年抗日战争爆发前，短短 5 年时间内，先后对我国 137 个县市、1 823 座各类古代建筑进行调查，详细测绘古代建筑 206 组，绘制测绘图稿 1 898 张。经过长期努力，揭示出古代建筑的历史、艺术、科学价值，编辑出版《中国营造学社汇刊》共 7 卷 22 期，并出版《清式营造则例》等专门书刊。直到新中国成立前夕，清华大学梁思成先生主持编录了《全国重要建筑文物简目》，其中共登录古代建筑 450 余处，1949 年 6 月正式出版，被分发到各省市相关单位，对解放战争中的文物保护，以及新中国成立后的文物普查发挥了重要作用。其中提出将“北京城全部”作为一个项目列入保护范围，应视为我国历史性城市保护思想的开端。

2. 多层次文物保护体系的建立

1949 年以后，文物保护作为新中国国家文化事业的重要组成部分由政府统筹进行管理。由政务院以及后来的国务院所颁布的一系列有关文物保护的法规，均沿用了“文物”一词，直到 1982 年《中华人民共和国文物保护法》公布实施，才将“文物”一词及其包括的内容用法律形式固定了下来。“文物是人类在历史发展过程中遗留下来的遗物、遗迹”。“文物是指具体的物质遗存，它的基本特征是：第一，必须是由人类创造的，或者是与人类活动有关的；第二，必须是已经成为历史的过去，不可能再重新创造的”。“当代中国根据文物的特征，结合中国保存文物的具体情况，把‘文物’一词作为人类社会历史发展进程中遗留下来的，由人类创造或者与人类活动有关的一切有价值的物质遗存的总称”。“其范围实际上包括了可移动的和不可移动的一切历史文化遗存，在年代上已不仅限于古代，而是包括了近、现代，直到当代”①。

2002 年新修订的《中华人民共和国文物保护法》，无论是可移动文物，还是不可移动文物，对于文物的概念不断深化，文物保护的范围不断扩大。经过不断调整充实，形成了目前国家立法保护文物的基本范围，即包括具有历史、艺术、科学价值的古文化遗址、古墓葬、古建筑、石窟寺和石刻、壁画；与重大历史事件、革命运动或者著名人物有关的以及具有重要纪念意义、教育意义或者史料价值的近代现代重要史迹、实物、代表性建筑；历史上各时代珍贵的艺术品、工艺美术品；历史上各时代重要的文献资料以及具有历史、艺术、科学价值的手稿和图书资料等；反映历史上各时代、各民族社会制度、社会生产、社会生活的代表性实物。同时，具有科学价

①谢辰生：《文物》，《中国大百科全书（文物　博物馆）》，北京，中国大百科全书出版社，1993。

值的古脊椎动物化石和古人类化石同文物一样受国家保护。这一鲜明的文物概念的产生无疑是保护认识上的一次飞跃，也为文物保护事业明确了工作目标和努力方向。

我国不可移动文物保护管理所实行的文物保护单位制度，始于20世纪50年代，1953年10月，为保证在“第一个五年计划”的基本建设工程中做好文物保护工作，中央人民政府政务院及时颁布了《关于在基本建设工程中保护历史及革命文物的指示》。1956年，国务院发布了《关于在农业生产建设中保护文物的通知》，在总结新中国成立7年以来文物保护工作的经验及参考世界各国经验的基础上，提出广泛宣传文物保护政策法令，普及文物知识，开展群众性的文物保护工作，并要求“必须在全国范围内对历史和革命文物遗迹进行普查调查工作”，首先对已知的重要的古文化遗址、古墓葬、革命遗址、纪念建筑物、古建筑、碑碣等，由省、自治区、直辖市人民委员会公布为保护单位，作出保护标志。该文件首次提出“保护单位”的概念。这是在全国范围内进行的第一次文物普查，是文物保护工作中十分重要的一项基础措施。根据第一次文物普查的成果，编印了各省、自治区、直辖市文物保护单位名单，共计7 000多处。

1961年，国务院颁布了《文物保护管理暂行条例》，规定各级文化行政管理部门必须进行经常性的文物调查工作，并选择重要文物，根据其价值大小，报人民政府核定公布为文物保护单位。《文物保护管理暂行条例》正式提出“文物保护单位”的名称及内容界定，明确规定根据文物保护单位的价值分为三个不同的保护级别，即全国重点文物保护单位、省级文物保护单位和县（市）级文物保护单位。《文物保护管理暂行条例》的颁布，标志着我国不可移动文物保护单位制度的初步形成。同时，国务院公布了第一批全国重点文物保护单位 180 处。1974 年 8 月，国务院颁布《关于加强文物保护工作的通知》，使一批珍贵文物在“文化大革命”期间免遭损失。此后，公布文物保护单位成为文物保护的一项重要的基础工作。“文物保护单位是需要一批一批地不断陆续公布的，这是因为一方面文物普查是一项不断反复进行的工作，在文物普查、复查和配合基本建设考古发掘过程中还会不断有新的发现，其中可能很多都是有重大价值的，应该积极加以保护”[①]。

1981 年，我国又开展了第二次全国文物普查，参加普查人员 9.4 万余人，普查的规模和成果都远远超过第一次普查。这是我国由政府组织的规模最大，投入人力、财力最多，成效十分显著的文物调查活动，也是全国范围内文物家底的大调查、大清理，实现了对文物资源的抢救性发现和超常规积聚，对我国文物保护事业的发展起到了巨大的推动作用。在第二次文物普查的基础上，我国共调查登记不可移动文物 40 余万处，并先后公布了 2 351 处全国重点文物保护单位，8 000 余处省级文物保护单位，60 000 余处市县级文物保护单位。

几十年来，文物保护制度不断完善，使大量的不可移动文物依照法定程序公布为文物保护单位，作为保护的重点，纳入有计划的、科学的和法治的管理之中。同时，对文物保护单位的保护管理工作作出了一系列规定，其中包括分级核定公布文物保护单位；划定保护范围，竖立标志说明，建立记录档案，设立保管机构；划出建设控制地带等。目前，文物保护单位分为：古文化遗址、古墓葬、古建筑、石窟寺及石刻、近现代重要史迹及代表性建筑、其他等六大类。其中，古建筑始终被列为文物保护单位中的重要内容，并不断得到

① 谢辰生：《关于认识文物价值的一点看法》，载《中国文物报》，2006-8-4（3）。

加强，特别是在历次国务院公布的全国重点文物保护单位中，古建筑所占比例最大，文物保护资金投入量也最多。但是由于全国各地古建筑数量众多，保护状况仍然堪忧。例如以山西南部为中心，东到河北蔚县，西到陕西韩城一带，至今仍保存有相当数量的宋、金、元和明代早期木结构建筑群，但是未能够引起足够的重视，直到近年才被陆续公布为全国重点文物保护单位。

1982 年 11 月，《中华人民共和国文物保护法》公布实施，这是我国文化领域第一部由国家最高立法机构颁布的法律。该法规定："保存文物特别丰富、具有重大历史价值和革命意义的城市"由国务院核定公布为历史文化名城，建立起了历史文化名城保护制度。国务院分别于 1982 年、1986 年和 1994 年核定公布了第一批至第三批国家历史文化名城名单，目前数量仍有所增加。历史文化名城制度确立之后，各历史文化名城普遍制定了历史文化名城保护规划，一些历史文化名城制定了专项保护法规。历史文化名城制度的确立，在城市的规划建设和文物保护方面引发了新的思考，即以弘扬城市文化为基点处理保护与建设的矛盾；从传统文化、地域文化的角度，研究城市的生长过程和发展方向。但是与此同时，历史文化名城保护立法和管理长期滞后。20 多年来，尽管经多方努力，国家层面的历史文化名城保护法规迟迟未能出台，其间伴随着大多数历史文化名城的保护状况日益恶化，特别是 20 世纪 90 年代以来，大规模的所谓"旧城改造""危旧房改造"，对历史文化名城造成了严重破坏，历史文化名城作为整体保护已经普遍失控①。

---

① 2008 年 4 月 2 日，国务院常务会议审议并原则通过了《历史文化名城名镇名村保护条例》，即将由国务院公布实施。

红河州建水鸟瞰

1997年3月，国务院发出《关于加强和改善文物工作的通知》，强调要努力建立适应社会主义经济体制要求、遵循文物工作自身规律、国家保护为主并动员全社会参与的文物保护体制；要求各部门各地方做到“五纳入”，即“各地方、各有关部门应把文物保护纳入当地经济和社会发展计划、纳入城乡建设规划、纳入财政预算、纳入体制改革、纳入各级领导责任制”，这对在社会主义市场经济条件下加强文物保护具有重要指导意义。2002年10月，新修订的《中华人民共和国文物保护法》公布实施，确立了“保护为主，抢救第一，合理利用，加强管理”的工作方针，为新时期文物事业的发展奠定了坚实的法律基础。该法规定，“保存文物特别丰富并且具有重大历史价值或者革命纪念意义的城镇、街道、村庄”，由省级人民政府核定公布为历史文化街区、村镇，并报国务院备案。在国家层面上建立起了历史文化街区、历史文化村镇保护制度。至此，我国在文物保护领域形成了单体文物、历史地段、历史性城市的多层次保护体系。

3. 新时期文化遗产保护理念的扩展与实践

为了加强文化遗产保护，全面提升文化遗产保护水平，2005 年 12 月发布《国务院关于加强文化遗产保护的通知》，此后，文化遗产保护理念进一步扩展，可从相关的实践工作中窥见一斑。

3.1 长城保护工程

长城是人类历史上修筑时间最长、工程最大,对社会影响最深刻、最广泛,留存文化信息最丰富的古代建筑工程。长城保护状况的好坏,反映出我国文化遗产保护、研究和管理水平的高低。但是，目前长城保护在上述三个方面均存在严重问题。在保护方面，长期以来对长城的人为破坏主要来自于取材性破坏、建设性破坏和旅游开发性破坏。目前，后两种破坏因素所造成的后果更为严重。建设性破坏表现为，在城市建设以及工业、农业、交通等建设项目施工过程中对长城本体及其环境造成的破坏。特别是地方性道路，以及电力、通信、天然气管道等设施建设对长城的破坏尤为严重。旅游开发性破坏表现为，长城沿线在未经审批、缺乏管理的情况下，对长城资源进行无序开发，在长城保护范围内修建旅游服务设施，人工化、商业化、城市化的现象十分严重，破坏了长城及其环境的原真性和完整性。在研究方面，长期以来甚至对长城的一些基本概念仍然存在较大分歧，例如由于对长城性质的不同定义，引发对保护范围和长度界定的明显差异，造成立法和管理方面的困难。在长城长度计算方面，由于历史上多个朝代在同一地段上修筑长城，相互叠压，相互利用的现象十分常见，因此计算方法需要形成统一标准。家底不清已经成为长城保护管理工作深入开展的瓶颈。在管理方面，长城的有些区段为全国重点文物保护单位，有些为省级文物保护单位，有些为县（市）级文物保护单位，还有更多的区段尚未列入任何级别的文物保护单位，因此在很大程度上造成保护管理状况的混乱。

近年来，将长城作为一项完整的文化遗产保护项目，纳入统一保护管理体制，成为文化遗产保护工作的重要目标。在这一指导思想下，国家文物部门组织编制了《“长城保护工程（2005—2014年）”总体工作方案》，方案对长城资源调查、长城保护立法、长城保护规划编制和长城保护抢险修缮等方面作出了系统的安排。对于长城这一巨型、线性文化遗产的保护编制总体工作方案，无疑是跨地域、跨部门、跨学科的重大研究成果，具有开拓性实践意义。这一方案得到了国务院批准，长城保护进入了新的阶段。2006年12月，国务院公布的《长城保护条例》正式实施，这是国务院首次针对特定的文化遗产保护项目颁布的专项法规。该条例针对目前我国长城的现状以及存在的主要问题，制定了操作性很强的保护管理措施，明确了长城所在地人民政府的责任，提出发动社会力量参与长城保护的措施，并对长城的利用行为加以规范。

目前，“长城保护工程”总体工作方案已经进入全面实施阶段。一是全面开展长城资源调查工作，即通过努力摸清长城的长度、保存范围，以及沿线的基本状况，确保2008年底前完成明代长城、2010年底前完成所有长城资源调查和基本数据的发布，为全面做好长城保护工作奠定扎实的基础。二是制定长城保护专项法规，即在《长城保护条例》的法规框架下，逐步建立起完善的长城保护法规体系，特别是积极推动长城沿线各省、各城市结合当地长城保护工作实际，及时制定地方性法规和专项法规，划定长城保护范围和建设控制地带。三是编制《长城保护总体规划纲要》，即从保护长城本体及其环境的真实性、完整性出发，在对长城进行全面研究评估的基础上，就规划的原则、性质、目标，保护区划、保护措施、相关环境治理和生态保护，以及展示开放、管理等方面，作出具有实际指导意义的原则性规定。四是加强重点地段的长城抢险维修，即本着文物保护方针和严格按照“不改变文物原状”的原则进行修缮，在保持原有布局、原有形制、原有材料、原有工艺的前提下，优先安排抢修价值重大、濒危的长城段落。以上这些步骤将在一定程度上扭转长城分散保护、研究和管理的状况，实现对长城有效保护和有序管理。五是加强长城保护科学研究，对长城保护理论和保护技术、长城管理体制和管理方式等相关问题进行深入研究。

3.2 “大遗址”保护国家项目库

“大遗址”是我国文物工作者根据文化遗产的特征，以及保护和管理工作的实际需要提出的重要概念，专指文化遗产中规模大、价值高的文化遗址。我国的大遗址具有年代悠久、分布广泛、数量众多、类型复杂等特点，集中代表了我国传统文化的丰富内涵和发展的历史轨迹，具有不可替代的整体价值和地位，是我国几千年文明史的重要载体，也是我国文化遗产资源的精髓部分。

大遗址保护一直是我国文化遗产保护工作中的重点和难点，在一些历史性城市问题更为突出。面对城市规模持续扩大、大型基础设施建设、当地居民生产生活变化，盗掘文物案件频发以及环境污染、地质灾害、风雨剥蚀、生物侵害等方面的冲击和影响，许多大遗址在各种人为和自然因素的蚕食、破坏下，逐步残缺甚或灭失。特别是大遗址的保护与城市开发建设、区域经济发展的矛盾日趋严重，多数大遗址已遭到了不同程度的侵占和破坏，形势紧迫。一些原位于城乡结合部的大遗址已基本被现代城市占压，而且建设规模持续膨胀；而一些位于农村地区的大遗址，已处于村庄的包围之中，新的房屋建设正在不断向核心区蚕食。同时，大遗址的保护长期未能造福当地民众，大遗址内部环境持续恶化。由于受保护的限制，又缺乏相应的政策补偿，居民的生产生活未能与大遗址保护协调发展，经济收入和生活水平与大遗址区外居民之间的差距越来越大，因而对大遗址保护普遍缺乏认同和理解，甚至发生破坏遗迹的行为。

针对上述情况，近年来加大了大遗址保护研究力度，通过高句丽遗址、殷墟遗址、大明宫遗址等保护项目的实施并取得积极成效，初步积累起大遗址保护的成功经验。其中高句丽王城、王陵和贵族墓葬以及安阳殷墟先后被列入《世界遗产名录》，为大规模抢救保护大遗址提供了成功范例。目前全面启动大遗址保护已经具备了一些有利条件。因此，从2005年起，国家开始设立大遗址保护专项资金，加大了投入力度，特别是设立大遗址保护国家项目库，首批100处大遗址列入其中。国家项目库和大遗址保护专项资金，将优先考虑那些价值重大、遗址本体保护需求急迫、有较好考古勘查研究工作基础、已编制规划或规划纲要、宣传展示可行性强、地方政府重视并有一定经费配套的项目。

通过编制具有较强针对性的大遗址保护专项规划，并纳入城乡建设和经济社会发展规划，可以从全局的角度协调大遗址保护目标与城乡发展目标，制定详细的保护措施，统筹加以安排，最终实现大遗址本体和环境的整体保护。同时，在规划的指导下，尽可能对不合理占压遗址的建筑实施一次性拆迁，对大遗址内的居民、单位实施一次性搬迁，并在保护区外妥善安置，遏制大遗址保护范围内的城市化进程。大遗址能否得到有效的保护，最重要的是能否得到民众，特别是大遗产所在区域民众的认同。因此，在保护规划实施中研究制定优惠政策，妥善处理当地民众脱贫致富、发展生产、改善生活等问题。在有条件的城市，大遗址的保护则与城市公园绿地规划建设相结合，形成大型遗址公园，成为城市重要文化设施和生态环境良好的“绿肺”。通过实施规划，实现大遗址保护工作从消极被动向积极主动转变，在保护方式上由突击式、抢救性、应急式向建立健全制度、形成长效机制转变。近期力争在西安、洛阳大遗址保护上取得突破性进展，把最负盛名、最令人难忘、最具有震撼力的历史遗迹保护起来、展示出来。

3.3 工业遗产保护

任何一种类型的文化遗产从被理解到积极保护，都经历过渐进的和不断推动的过程，工业遗产也是如此。长期以来人们重视保护农业社会时期留下的文化遗产，而对于工业遗产的保护未能引起重视，特别是由于我国工业化进程起步较晚，时间不长，因此这一时代的历史见证更容易被人们所忽视，以致近年来沈阳、哈尔滨、重庆以及上海、北京等城市的一些重要工业遗产，在城市改造和房地产开发中迅速消失。但是，目前人们逐渐改变对工业遗产的态度，开始认识到应将工业遗产视作普遍意义上的文化遗产中不可分割的一部分。工业文明创造的财富和对世界以及人类生活的影响，都远远超过之前几千年的总和。工业遗产则直观地反映了人类社会发展的这一重要过程，具有历史的、社会的、科技的、经济的和审美的价值，是社会发展不可或缺的物证。保护工业遗产也是保持人类文化的传承，维护文化的多样性和创造性，促进社会不断向前发展的重要举措。因此，在城市建设中不能用单纯的习惯性方法将工业遗产推倒重来，而是应通过仔细甄别、保护、整修、重组等模式，将工业遗产保存于新的环境当中，并按照当代的功能需求进行保护性再利用，创造和设计出既属于现在和未来、同时也记录和体现过去工业成就的空间形态，使工业遗产融入社会生活，再次奉献给人们难得的个性空间。

2006年4月18日“国际古迹遗址日”，百余位文化遗产保护领域的专业人士和来自全国各工业城市的代表，会聚我国近代民族工业发祥地之一的无锡，召开首届中国工业遗产保护论坛，会议形成的行业共识性文件《无锡建议》向社会各界发出号召，工业遗产是整个人类文化遗产的重要组成部分，在城市化加速进程中应加以妥善保护。在保护好历史文化遗产的同时，保护好不同发展阶段有价值的工业遗产，给后人留下近现代工业化的风貌，留下相对完整的城市发展轨迹，这是当代义不容辞的责任。随后国家文物局向全国发出加强工业遗产保护的通知，启动了国家层面保护工业遗产的行动。包括在已经启动的第三次全国文物普查中，将工业遗产作为重要的普查对象，对工业遗产的认定、保护和合理利用制定相应的标准；开展工业遗产保护相关法规、规章的制定工作，使经认定具有重要意义的工业遗产通过法律手段得到强有力的保护；对于列入文物保护单位的具有重要意义的工业遗产，最大限度地维护其功能和景观的真实性和完整性，原状保护必须始终得到优先考虑；通过持续性和适应性的合理利用来证明工业遗产的价值，进而使人们自觉地投入到保护行列，并引导社会力量进入工业遗产保护领域；注重工业遗产保护的宣传与教育，使专业性工业博物馆和处于妥善保护和开放状态下的工业遗产地成为宣传工业遗产价值和保护事业的重要场所。

中国工业遗产保护论坛

工业遗产保护对于我国而言是文化遗产保护领域的新课题，是具有理性认知、科学探索、广泛合作、公众参与的保护事业，是充满前瞻性、挑战性、创新精神和活力的保护行动。虽然我国总体上还处于工业化的中期，但是沿海城市和中心城市以及一些传统工业城市的经济社会结构正在发生着根本性的变化。这些城市中的工业发展，必将由制造业为主体开始向服务业转型，管理方式从政府为主体向市场和公众管理转型，增长方式从数量扩张向质量内涵提升转型，发展内容从注重经济向注重文化和服务社会方面转型等，在这一转型过程中，必将伴随产业类型、空间结构、社会形态、意识行为等方面的变化。在这一迅速转型和激烈变化的形势下，如何使更多的优秀工业遗产得到妥善保护，如何形成我国工业遗产保护的整体思路和方法，是需要不断思考和实践的重要课题。

3.4 乡土建筑的抢救

我国广大农村地区文化遗产数量众多。各级文物保护单位中，有半数以上分布在村、镇。特别是具有鲜明地方特色的大量乡土建筑，反映了我国源远流长的历史和丰富多彩的民族、民间、民俗文化。当前，正在全国范围内迅速展开的新农村建设，将为我国农村地区带来前所未有的巨变。这场深刻的历史变革，也对乡土建筑保护提出了紧迫的要求。特别是一些地方错误地把新农村建设理解为新村建设运动，存在简单的城市化倾向，求新求洋，没有考虑民族文化的传承问题，造成乡村、民族、地域特色的丧失，大批乡土建筑的安全正在面临着极大的威胁，“万村一面”的情况已在不少地方成为现实，如不及时加以引导，分散在广大农村地区的各具特色的乡土建筑，将随时面临着被拆、迁、整、改、并等种种危险，其遭受破坏、走向消亡的速度正在逐渐加快。如何正确处理新农村建设与乡土建筑保护的关系，使乡土建筑的文化内涵、建筑特色、历史风貌得以有效保全，是事关我国文化遗产保护和新农村建设全局的重大问题。同时，乡土建筑保护在我国兴起较晚，有关的法规制度建设相对滞后，已有的文化遗产保护法规不能适应乡土建筑保护的需要。

2007年4月，国家文物局在无锡召开“中国文化遗产保护无锡论坛——乡土建筑保护”会议，来自全国文化遗产保护领域和相关专业的全体代表提出“关于保护乡土建筑的倡议”，呼吁各级政府积极行动起来，动员并依靠全社会的力量，加强乡土建筑的保护，使新农村建设与乡土建筑保护和谐共进，使我们民族的智慧与品格永远传承。近年来，国家陆续投资对全国重点文物保护单位中的乡土建筑进行了维修保护，各级地方政府也利用财政资金和吸引社会资金用于维修乡土建筑。针对各地大量历史文化村镇被破坏的状况，建设部、国家文物局共同设立了“历史文化名镇”和“历史文化名村”制度，先后公布了三批共150余处国家历史文化名村、名镇。各级地方政府也陆续将一大批具有重要历史、文化、科学价值的乡土建筑和古村镇公布为相应级别的文物保护单位和历史文化名村、名镇，为乡土建筑的有效保护提供了重要的法律保障。同时，在世界遗产

中国文化遗产保护——乡土建筑遗产无锡论坛

委员会日益注重世界遗产类别平衡性的背景下，乡土建筑这一新兴类别成为我国申报世界文化遗产项目的重点，“开平碉楼及村落”已于2007年成功列入《世界遗产名录》，“福建土楼”则成为2008年我国申报世界文化遗产的唯一项目。

2008年4月，国务院公布了《历史文化名城名镇名村保护条例》，确立了历史文化村镇保护的法律地位，赋予国家建设部门和文物部门履行保护管理的重要职责。保护好农村地区珍贵的文化遗产，特别是乡土建筑这一独特而丰富的文化遗产，是新形势下赋予各级政

府和有关部门的不可推卸的历史责任。各级文物保护部门正在采取有力措施，提前介入新农村建设的村庄整治工作，将乡土建筑保护纳入新农村建设的总体规划之中，使新农村建设规划的制定和实施与当地文化遗产保护规划相协调。同时，加强法规制度和技术标准、规范建设，加快制定乡土建筑保护的专项法规、规章，并对乡土建筑的认定标准和程序、保护原则和措施、监督管理等方面作出具体规定，将乡土建筑保护工作逐步纳入法治化、科学化、规范化的轨道。对古村落进行科学的规划整治，按照不损害文物本体、格局和历史风貌的原则，改善水、电、通信等基础设施，使原有居民能够在世世代代居住、生活的古村落里享受到现代生活的便利，同时延续固有的文化传统和生活方式。

3.5 博物馆融入社会

随着民众生活水平的大幅度提高，闲暇时间的增多，作为文化遗产重要传承机构的博物馆在丰富社会文化生活中扮演着越来越突出的角色，已经成为一个地区、一座城市发展水平的形象代表，公众文化生活和旅游休闲的重要选择。目前，我国的博物馆事业进入快速发展阶段，博物馆总数已迅速发展到 2 400 多座，其发展速度在世界博物馆发展史上绝无仅有。特别是新建、改建和扩建的上百座大型博物馆，使博物馆的硬件水平和科技含量显著提升，博物馆的藏品保护、研究、管理、展示和服务水平明显提高，并带动了中小博物馆的建设，加之遗址博物馆、行业博物馆、生态博物馆的悄然兴起，形成了当前博物馆建设的热潮，为博物馆事业的可持续发展注入了新的活力。虽然，博物馆的建设热潮令人激动，但是，在博物馆建设过程中，博物馆人主导地位的缺失，盲目追求建筑外观和设施先进的倾向，博物馆建成后运营维护的尴尬，也使博物馆建设留下了诸多令人惋惜的缺憾。

当前我国博物馆建设和发展正处在一个关键时期，在大规模建设热潮中，正确把握机遇，才能促进博物馆从单纯的数量增长转变为质量的全面提高。丰富博物馆品类和突出博物馆特色，不仅是当前时代发展的客观要求，也是博物馆事业生机与活力的重要组成部分。因此，不仅要追求博物馆数量的增长，更重要的是在丰富品类、突出特色上创新举措，调整博物馆建设的结构布局，优先鼓励和引导科技类、专题类、民族类以及民办博物馆的建设与发展，特别是填补空白的各类博物馆建设。目前正在积极筹建中的中国科技博物馆、中国妇女儿童博物馆、中国民族博物馆等引起人们的热情期盼。它们的建成有利于形成以国家级博物馆为龙头、省级博物馆和重点行业博物馆为骨干，国有博物馆为主体、民办博物馆为补充，各行业和各种所有制博物馆各具特色、丰富多彩的建设发展新格局。

博物馆作为一个国家、一个民族或一个地区、一座城市的标志性文化设施，其建设既要突出专业性，又要体现民众性。博物馆承担着向社会公众提供优质精神产品的责任。在博物馆提供给社会的诸多精神产品中，陈列展览是最主要、最核心、最基本的精神产品。它涉及文物的收藏、研究、展示和传播，是博物馆各项工作的中心环节。随着各种传媒手段的进步，作为文化产品的陈列展览所面临的竞争压力越来越大，迫切需要充分利用现代科技成果，提升陈列展览质量和水平，使文化遗产保护的成果在更大范围和更深层次上惠及人民群众，从而奠定博物馆生存发展的坚实基础，树立博物馆的社会公众形象并提高其地位。

服务民众是博物馆的天职，只有主动融入社会，拉近与公众的距离，增强亲和力，真正成为社会公众精神文化生活不可或缺的组成部分，才能获得生存和发展的广阔空间。在我国，2003 年 5 月，杭州市属国有博物馆开始实施对公众免费开放，取得了良好的社会效益，观众人次明显上升，同时对整个城市的社会经济发展也作出了积极贡献。自 2004 年 3 月，文化部、国家文物局发布《关于公共文化设施向未成年人等社会群体免费开放的通知》以来，全国博物馆逐步建立起向未成年人等社会群体免费开放制度，文物系统博物馆已免费接待未成年人观众逾亿人次。2008 年 1 月，中宣部、财政部、文化部、国家文物局发布了《关于全国博物馆、纪念馆免费开放的通知》，国家财政对免费开放给予经费保障，全国各地博物馆、纪念馆陆续实现对全社会免费开放。

博物馆不是一个冰冷的知识库，而应成为温馨的知识宫。要由以物为主转化为以人为本，关键是树立人性化服务理念和举办丰富多彩的活动，吸引更多的公众走进博物馆。这方面拥有很大的空间，也有许多工作要做。事实上，博物馆应视为最重要的教育机构之一，参观博物馆也应成为绝大多数民众一生中最重要的文化体验。在当今文化呈现多样性的时代，文化遗产地和博物馆要增强为青少年提供优质服务的意识和社会责任感，尊重青少年的心理感受、审美情趣和认知特点，善于与青少年对话、交流和互动。探索建立博物馆参与未成年人国民教育体系，纳入中小学生教育体系方面的长效机制，为营造“学习型社会”提供更好的服务，使博物馆真正成为青少年们的学习课堂，发挥教育基地作用。通过创意和推出各具特色、个性鲜明、为青少年喜闻乐见的社会普及活动，并借助新闻媒体和互联网络，向社会及所在社区开展广泛宣传，激发青少年的参与意识。

3.6 非物质文化遗产保护

我国历史悠久、民族众多，所拥有的非物质文化遗产绚丽多彩。

这些非物质文化遗产源渊于中华文明，根植于民族民间，保护好它们对于民族精神的延续，传统文化的弘扬，具有重要作用。当前我国非物质文化遗产的生存、保护和发展遇到很多新的情况和问题，面临着严峻形势。一方面，由于文化生态的改变，正在使非物质文化遗产逐渐失去赖以生存和发展的环境基础，许多非物质文化遗产正处于生存困难或已处于消亡状态。特别是一些依靠口传心授方式加以传承的文化遗产正在不断消失，许多传统技艺濒临消亡，大量有历史、文化价值的珍贵实物与资料遭到毁弃或流失境外。另一方面，一些地方保护意识淡薄，致使一些非物质文化遗产显现的某种文明价值，因不合理的利用而中断。甚至一些地方借继承创新之名随意篡改民俗艺术，损害了非物质文化遗产的原真性。同时，法律法规建设的步伐不能与保护的紧迫性相适应，非物质文化遗产保护标准和目标管理以及收集、整理、调查、记录、建档、展示、利用、培训等工作相对薄弱，与保护相关的一系列基础性问题不能得到系统性解决。

2005 年 3 月，国务院办公厅发布了《关于加强我国非物质文化遗产保护工作的意见》，要求建立国家级和省、市、县级非物质文化遗产代表作名录体系，逐步建立起比较完备的、有我国特色的非物质文化遗产保护制度。2005 年 12 月，在《国务院关于加强文化遗产保护工作的通知》中，确立了非物质文化遗产保护工作的指导方针，即“保护为主、抢救第一、合理利用、传承发展”。通知中明确非物质文化遗产，是指各种以非物质形态存在的与群众生活密切相关、世代相承的传统文化表现形式，包括口头传统、传统表演艺术、民俗活动和礼仪与节庆、有关自然界和宇宙的民间传统知识和实践、传统手工艺技能等以及与上述传统文化表现形式相关的文化空间。通知要求积极推进非物质文化遗产保护的各项工作，包括开展非物质文化遗产普查，制定非物质文化遗产保护规划，抢救珍贵非物质文化遗产，建立非物质文化遗产名录体系，加强少数民族文化遗产和文化生态区的保护。2006 年 5 月，国务院正式公布了《第一批国家级非物质文化遗产名录》，其中包括民间文学、民间音乐、民间舞蹈、传统戏剧、曲艺、杂技与竞技、民间美术、传统手工技艺、传统医药、民俗等。

在社会发展和进步过程中，人类创造了丰富的文化遗产，这些文化遗产包括物质文化遗产和非物质文化遗产，它们共同构成了一个民族、一个国家现存的文化记忆，保护文化遗产与保护非物质文化遗产具有同等重要的意义。从文化遗产存在形态来看，非物质文化遗产包含着较多随时代变迁和人群迁徙而易于湮没的文化记忆，因此具有保护的紧迫性。特别是在 21 世纪经济全球化和我国加速城市化的背景下，保护和传承非物质文化遗产，已成为文化遗产保护中新的重要课题。面对这一紧迫任务，我国非物质文化遗产的保护应后起直追，通过摸清家底、建立制度、科学研究、形成机制，克服重申报、重开发，轻保护、轻管理，随意滥用、机械复制、过度开发非物质文化遗产的现象发生，使保护工作积极推进。近年来，我国加大了非物质文化遗产保护意识的宣传，取得了良好效果。特别是以中国艺术研究院为代表的研究机构和专家学者，既重视基本理论问题研究，又富于创新实践精神，在较短的时间内进行了大量卓有成效的开拓性工作，取得有目共睹的业绩，为文化遗产事业的发展作出了积极的尝试和有益的探索。

3.7　世界文化遗产保护

自 20 世纪 70 年代以来，世界遗产保护及其相关问题成为国际社会十分关注的领域，鉴于这一体系的先进性、普遍性和规范性，很快得到国际社会普遍认同，并获得日益扩大的影响。这一保护体系中的世界文化遗产则是具有突出的普遍价值，并受到严格保护的文化遗产对象。我国对文化遗产这一概念的实际运用，是在20世纪80年代，特别是1985年我国政府加入《保护世界文化和自然遗产公约》以后，通过世界文化遗产的申报等项工作，使文化遗产的概念逐渐引起社会广泛关注和普遍接受，并得到迅速普及，成为与我国既有文物保护体系既相互联系，又有明显区别的又一保护体系。世界文化遗产不强调保护管理层次，也没有规模上的严格划分，可以大到整个城市、某个街区，小到单体建筑；但是更强调保护类型的划分，例如划分为文化遗产、文化与自然双重遗产，以及非物质文化遗产等多种类型。近年来世界文化遗产所关注对象的类型，有向综合化、动态化、巨型化与线性化、近代与现代化、生活功能化和非物质化等方向扩展的趋势。

在我国，1987年长城等6项遗产被列入《世界遗产名录》，实现世界遗产零的突破。经过20多年的努力，目前已经拥有35处世界遗产，其中25处世界文化遗产、4处文化与自然双重遗产。事实上，随着我国列入《世界遗产名录》的文化遗产数量的增多，我国的文化遗产保护目标和任务分别来自两个方面，一方面是来自以文物保护单位、历史文化街区和村镇、历史文化名城为代表的我国多层次文物保护体系；另一方面是来自以文化遗产、文化与自然双重遗产、非物质文化遗产为代表的世界文化遗产保护体系，两个体系具有不同的管理依据和管理方式。这一状况的改善，需要通过国家层面合理的制度设计和目标管理，使不同的保护体系在共同的保护理念、共同的价值取向和共同的评价标准下得到整合。同时，世界文化遗产保护事业，为我国文化遗产保护与国际先进理念加强交流提供了机遇和条件，也使我国文化遗产保护机构与联合国教科文组织（UNESCO）、国际古迹遗址理事会（ICOMOS）、国际文化财产保护与修复研究中心（ICCROM）等国际组织保持了经常性的联系和建立了广泛的合作关系。

2006 年 12 月颁布实施了《世界文化遗产保护管理办法》，随即《中国世界文化遗产监测巡视管理办法》《中国世界文化遗产专家咨询管理办法》等相继制定实施。这些规章制度的制定经过了反复的酝酿，成为我国多层次文物保护体系与世界文化遗产保护体系相互融合、相互借鉴、相互支撑的有益尝试，这无疑是一次开拓性的尝试，成功与否还需要经过实践的检验。其中监测巡视管理制度用以保证世界文化遗产的健康发展，专家咨询制度则对世界文化遗产保护管理中的重大问题进行研究论证，为决策提供专业咨询。同时，2006 年 12 月，依照世界遗产委员会评审世界遗产的工作程序和规程，综合考虑真实性、完整性和平衡性，完成了《中国世界文化遗产预备名单》重设工作。在重新设定的世界文化遗产预备名单中，将“杭州西湖·龙井茶园”“哈尼梯田”等作为“文化景观”的代表；将“大运河”“丝绸之路中国段”等作为“文化线路”的代表；将“山陕古民居”“皖南古民居”“江南水乡古镇”“藏、羌碉楼与村寨”和“黔东南苗族村寨”等作为乡土建筑的代表，体现了世界文化遗产类型的平衡性和多样性。

3.8 新公布全国重点文物保护单位

2006 年 5 月，国务院公布了第六批全国重点文物保护单位名单。这次公布的文物保护单位数量为 1 080 处，几乎达到了前五批全国

① 吕舟：《第六批国保单位公布后的思考》，载《中国文物报》，2006-08-18（5）。

重点文物保护单位数量的总和。“但是，这个名单对中国的文化遗产保护的意义绝不仅仅体现在数字上。这些数字的背后有更多的问题值得我们认真思考”[①]。主要体现在所展示的文化遗产内涵较为丰富，所包括的文化遗产范围较为广泛，所涉及的文化遗产内容更加深化，反映出当代文化遗产保护事业所应具有的整体性、拓展性和前瞻性。“我们对文物的认识也在不断深化，过去考虑更多的是古遗址、古墓葬、古建筑、石刻等等，但是随着我们认识的深化，文物保护单位应该不仅仅只包括这些，从时代上来说，过去的认识仿佛什么都是越古越好，对近现代就注意不够，在近现代又是重点选择革命文物，而忽视了其他方面。事实上，近现代是一个很重要的历史阶段”[②]。

第六批全国重点文物保护单位虽然仍沿用了第五批的分类法，但是，入选单位包括了一些以往较少进入全国重点文物保护单位之列的，反映我国民族文化、地域文化和近现代文化生活、经济活动等方面的文化遗产。例如大生纱厂、汉冶萍煤铁厂矿旧址、青岛啤酒厂早期建筑、石龙坝水电站等工业遗产；玉山古茶场、聚馆古贡枣园、清农事实验场旧址、嵖岈山卫星人民公社旧址等农业遗产；大栅栏商业建筑、高邮当铺、哈尔滨莫斯科商场旧址、国际饭店等商业遗产；柳氏民居、理坑村民居、杨氏民宅、日斯满巴碉房等乡土建筑；马胖鼓楼、大召、康松桑卡林、聂塘卓玛拉康等少数民族遗产。同时，还包括中国营造学社旧址、中国西部科学院旧址、抗战胜利纪念堂、集美学村和厦门大学早期建筑等近代遗产；民族团结誓词碑、荆江分洪闸、郑州二七罢工纪念塔和纪念堂、唐山大地震遗址等现代遗产。但是，其中也有遗憾，例如在对现代建筑的保

② 谢辰生：《关于认识文物价值的一点看法》，载《中国文物报》，2006-08-04（3）。

护方面，评审时未能给予应有的重视，以致一些重要的现代建筑遗产，甚至新中国成立初期“国庆十大工程”也未能列入全国重点文物保护单位之列，因而面临被拆除的危险，为今后实施保护增加了难度。

另一方面，在第六批全国重点文物保护单位中，对近年来要求加强保护呼声较高的历史文化街区、历史文化村镇以及“线性文化遗产”“文化景观遗产”等遗产类型也进一步做了有益的尝试。例如将三坊七巷和朱紫坊建筑群、西门街古建筑群、鼓浪屿近代建筑群、烟台山近代建筑群等历史文化街区；郭壁村古建筑群、南屏村古建筑群、上甘棠村古建筑群、阿坝羌寨碉群等历史文化村镇；井陉古驿道、独松关和古驿道、连城要塞遗址和友谊关、阿坝红军长征遗迹等文化线路遗产；坎儿井地下水利工程、“二十四道拐”抗战公路、仕水碇部、红旗渠等文化景观遗产，也列入了保护名单之列。而京杭大运河作为一个特殊的类型被列入名单，格外引人注目。这一跨越今日四省两直辖市区域，连接20座左右城市，全长1 794公里的文化遗产廊道，整体列入保护项目，对文物保护单位制度无疑是一场革命性挑战。“把这样一个空间尺度的保护对象作为一个保护单位加以保护，这在我国文物保护工作中是史无前例的。这件事本身反映了中国文物保护事业的发展，反映了我国文物保护领域无论在保护的观念、保护的技术手段、资金条件和管理体制上都已进入了一个新的阶段”[①]。

3.9　“文化遗产日”

今天，以国家保护为主，动员全社会共同参与的文化遗产保护新体制正在逐步形成，广大民众和海内外有关人士以多种形式参与文化遗产保护，使保护文化遗产的社会环境不断改善。动员民众参

① 吕舟：《第六批国保单位公布后的思考》，载《中国文物报》，2006-08-18（5）。

与文化遗产保护在我国具有传统。1956 年国务院发布的《关于在农业生产建设中保护文物的通知》中的第一条就是要求文物保护工作不能仅仅依靠政府，而是要“加强领导和宣传，使保护文物成为广泛的群众性工作”。并且提出了要建立群众性文物保护小组的要求。可喜的是，整整 50 年之后，国务院作出决定，自 2006 年起，每年 6 月的第二个星期六，为我国的“文化遗产日”。文化遗产日是在我国文化遗产保护处于极其困难的背景下设立的，显示出一种非同寻常的必要性和极强的现实意义。由国家确定“文化遗产日”显示了当代中国对自己文明的认识高度，表现了一个民族文明的自觉，同时表明具有现代文明意义的、并被国际社会广泛认同的文化遗产观，正在我国形成。

广大民众有参与文化遗产保护的良好愿望，文化遗产保护更需要民间力量的支持。许多珍贵文物的第一发现者和第一时间保护者就是普通民众。如果民众缺乏文化遗产保护意识，没有采取基本的保护措施，它们可能无声无息地被破坏甚至毁灭。2003 年 1 月 19 日，陕西省宝鸡市杨家村王宁贤等 5 位农民在取土时意外发现一处西周青铜器窖藏，妥善保护并及时报告当地文物部门。后经专家考证，这批青铜器件件有铭文，创造了全国同类发现的多项第一，被评为 2003 年度“全国十大考古新发现”。另一件民众自发保护文物的感人事迹，发生在年人均收入不足 700 元的极其贫困的贵州省黎平县地坪乡，当 2004 年 7 月 20 日，一场百年未遇的洪水咆哮着冲毁全国重点文物保护单位地坪风雨桥时，当地上百名群众自发地跃入洪水，拼死打捞风雨桥构件，经过三天三夜的奋争，从贵州打捞到广西，抢救回 73% 以上的风雨桥构件，使风雨桥得以重建，上演了一幕我国文化遗产保护史上的壮举。地坪风雨桥连接着上寨村和下寨村，这里共生活着1 500余位侗族民众。风雨桥既是他们休闲、节庆的场所，也是侗族青年行歌坐月、谈情说爱的地方。当地人以此为自豪，把它当作村寨的精神财富，祖祖辈辈都将守护它当成自己的义务。一位侗族学者说：花桥是我们侗族人生命中的桥，保护花桥是我们传承民族文化的方式之一。孩子们是唱“地坪花桥传万代”的侗族大歌长大的。地坪人在这种氛围中成长、生活，爱护花桥、保护花桥的意识已经融入了他们的血液，他们为花桥做任何事都如同呼吸般自然，文物保护的民众意识在这里得到了最强烈的表达。

广大民众是有觉悟、讲感情的。近几年，连续发生在宝鸡市的一幕幕动人心弦的事实就充分证明了这一点。前述5位农民保护国宝的动人事迹曾经“感动中国”。从那以后，相同的事迹在这一地区连续出现，2003年至2006年的短短4年中，又有11批农民群体在生产劳动中发现以青铜器为主的珍贵文物后，自觉报告文物部门或上交国家。一次次令人们兴奋不已的不仅是那些出土面世的稀世珍宝，更是那些朴实无华的农民群体，是他们的高尚行为铸就了震撼人心的“农民护宝精神”。在震撼和感动之余，人们不禁要问，是什么让这些村民在盗墓猖獗、非法走私文物盛行的今天，能够抵御金钱的诱惑，将珍贵文物上交国家，为我们保留了这一方净土？原因很简单：这里是周礼的故乡，长期生活在历史文化氛围中的民众，形成了淳朴的民风，培养造就了爱国护宝的精神。今天，这些可敬可赞的农民护宝行动，反映的正是当民众感受到家乡悠久灿烂的文化传统，了解到国家保护文化遗产的法律之后，所形成的自觉的保护意识和无私奉献的高尚情操。

保护文化遗产不仅是各级政府和专家学者的责任，而且是每一个公民应该担负起来的责任，更是亿万民众的共同责任。文化遗产保护作为一项利在当代、功在千秋的社会公益事业，需要动员广大民众的积极参与。民众既是文化遗产的创造者，也是文化遗产的主人。如果广大民众不珍视、不爱惜、不保护、不传承文化遗产，文化遗产最终将难以避免消亡的厄运。近年来，国家文物部门和各级政府对不断涌现的保护文化遗产的典型事迹给予了积极的表彰和奖励。朴实的农民群体一次次走上光荣的领奖台，获得国家授予的崇高荣誉。它们的事迹在主要新闻媒体和“文化遗产日”特别直播节目中被热情颂扬，受到社会的广泛关注，唤起全社会文化遗产保护意识的进一步提高。这些努力将为保护文化遗产提供更广泛的公众支持和更强大的社会保障，使文化遗产真正为社会公众所共享，更有力地推动文化遗产所在地经济社会的和谐发展。

回顾我国文化遗产保护的探索与实践，分析其中兴衰成败的经验与教训，使文化遗产保护事业的发展路径更加清晰地展现。近百年来，文化遗产保护的先驱者们，凭借着对民族、对民众、对文化、对社会的深厚感情和自身广博的文化根基，引领着保护事业的发展方向。今天，人们欣慰地看到，文化遗产保护意识正在全社会迅速觉醒，社会各界对此不断达成新的共识，文化遗产保护事业的发展呈现出美好前景。可以预言在 21 世纪，我国文化遗产的内涵和外延必将继续发生深刻的变化。“未来由现在开始缔造，现在从历史中走来，未来变化的方向离不开对历史进程的探寻。世界历史进程代表着人类文明发展的一种趋势和高度，把握了它，有助于人类的发展获得当代的意义”[①]。这是时代的召唤和神圣的使命，对此我们应该勇于担当。

① 吴良镛：《国际建协〈北京宣言〉——建筑学的未来》，北京，清华大学出版社，2002。

两项文化遗产保护实践引发的思考①

（2008年11月13日）

刚才听了大家的发言很受启发。我也结合最近通过学习实践科学发展观活动，在学习调研阶段中体会最深的两件事，谈一点学习体会。

一、两件体会最深的事

第一件事，大家知道大明宫遗址吧。

全国文物系统学习实践科学发展观座谈会

① 2008年11月13日在学习实践科学发展观座谈会上的发言。

大明宫遗址，位于西安道北地区，是200多年间唐王朝的统治中心，也是遗存至今的我国古代规模最为宏大的宫殿区，遗址面积达3.2平方公里，相当于4个明清故宫的面积。但是在新中国成立以前，这里成为了城市贫民的聚居地点，特别是大批黄泛区的河南老乡，当年沿着陇海铁路逃荒到西安城下，在城墙北面道北地区的大明宫遗址附近落户，逐渐形成西安“南富北贫”的格局。几十年来，道北地区由城乡结合部，变为“城中村”，老百姓的生活环境，始终伴随着环境污染、交通堵塞、犯罪率高等问题。

长年在大明宫遗址上面生活和生产劳动的当地民众，由于受到遗址保护的长期影响，与遗址区以外日渐富裕起来的民众生活差距增大，深感自身生活水平的差距明显，心理极不平衡。大明宫遗址更是在不断增加的人口压力下不堪重负，人们的生产生活与遗址保护之间的矛盾越来越尖锐。为了谋求生活的改善，人们不断在遗址上搭棚建屋、打井造园、饲养家畜、种植林木等，造成遗址夯土流失、城墙倾倒、河道淤平，严重威胁大明宫遗址的安全。另一方面，长期以来各级政府始终把大明宫遗址作为城市发展的负担，改善城市环境的包袱。

但是，随着人们对文化遗产态度的转变，随着“大遗址”整体保护的推进，随着建设大遗址公园的思路的成熟，近年来西安市政府转变观念，不再把大明宫遗址当作城市的包袱，而认识到这里应该成为城市的宝贵财富，成为城市发展的动力和资本。这一思想观念的转变带来了奇迹的发生。

西安市将大明宫遗址及周边的19平方公里的城市用地统一规划，加以宏观控制，随后向国内外推出大明宫国家遗址公园的概念，告知社会各界大明宫遗址将是最美丽、最有文化气息的城市公园，大明宫遗址周边将是环境最为优美、升值潜力最大的地区。于是，这一地区的土地价格由每亩 50 万元，迅速提升至每亩 250 多万元。此项城市财政收益促进了大明宫遗址的整体保护进程，一次性对 3.2 平方公里的大明宫遗址范围内，不合理占压遗址的建筑物实施整体拆迁。短短几个月的时间内，共拆除建筑面积 350 万平方米，其中 150 万平方米的“城中村”、100 万平方米的“棚户区”、60 万平方米的西北地区最大的建材市场，还有 40 万平方米的企事业单位。妥善安置居民 10 万人以及数以百计的企事业单位，投入资金达 80 亿元。

两年来，我们对于大明宫遗址保护整治所补助的资金仅 4 500 万元。之前曾经和西安市文物局有过口头约定，即国家财政补助和地方财政投入按 1∶4 比例掌握，于是此前西安市文物局领导到局里来，提出应补助他们 20 亿元。显然我们难以满足这一要求，因为没有想到大明宫遗址保护整治的力度如此之大。但是转念一想，大明宫遗址保护整治所投入的 80 亿元，不都是来自于大明宫遗址的文化价值吗？不都是来自将“包袱”变“财富”的思想转变吗？于是我说，西安市政府获得了这么多经济社会效益，又获得了一个大型考古遗址公园，应该反过来支持全国的文化遗产保护才合理。

10 月 21 日，我们邀请郑州、洛阳、无锡、杭州、成都、广州、扬州、开封、安阳、荆州、朝阳等城市的主要领导到西安来，共同见证大明宫遗址公园的启动仪式和拆迁安置小区的开工仪式，并参加了“大遗址保护高峰论坛”。这些拥有重要大遗址城市的主要决策者，通过西安大明宫遗址公园的建设深受启发，纷纷表示要学习西安的经验，会后迅速启动各自城市的大遗址公园建设。例如郑州市主要领导当即决定近期启动郑州商城遗址的拆迁整治工作；洛阳市主要领导表示，明年的大遗址保护峰会在洛阳召开，将给大家一个惊喜；山东省来函表示认真研究我们提出的设立“文化遗产保护特区”的建议，修正过去关于“中华文化标志城”的设想；昨天晚上辽宁省政府主要领导在和我们交换意见时，决定建设面积 8 平方公里的牛河梁红山文化遗址公园，由省财政投入 2 亿元，立即启动。

第二件事，大家知道坎儿井吧。

坎儿井是一种特殊而庞大的地下水利工程设施，其基本方式是通过人工掏挖，将融冰化雪水渗漏所形成的地下水源引流至绿洲，用于居民饮用及农业灌溉。世界上的坎儿井地下水利工程以中国、伊朗两国为主要代表，其中，中国新疆地区的坎儿井最具代表性。新疆地区的坎儿井是各族民众,在借鉴其他地区工程技术的基础上，根据本地自然条件和水文地质特点进行的水利工程建设，其构造主要由竖井、暗渠、出水口、明渠、蓄水池等部分组成。

吐鲁番地区坎儿井地下水利工程始建于汉代，部分在清代开凿，自古以来一直是绿洲经济发展的重要支柱，在当今社会仍然发挥着十分重要的作用。截至 2006 年 12 月，吐鲁番地区坎儿井总数为 1 091 条，总长度为 3 736.4 公里。但是，其中有水的只有 331 条，760 条已经干涸。目前年径流量仍然达到 2.1 亿立方米，可以灌溉 13.23 万亩农田。

我们调查的一些村庄与坎儿井关系极其密切，当地民众生产生活用水基本依靠坎儿井水。例如恰特卡勒村所属的坎儿井就直接为将近 5 000 人、6 000 亩葡萄园提供着必不可少的水源，而位于郭勒布依乡的 5 条有水坎儿井，每天灌溉近 2 000 余亩农田。因此可以说，坎儿井仍然是乡村不可缺少的灌溉和生活用水之一，是吐鲁番地区的生命之源。

同时，吐鲁番地区坎儿井是勤劳智慧的当地民众的伟大创造。这一创造使在极端干旱酷热地区生活的各族民众具备了持续而顽强的生命力，孕育出人与自然和谐相处的绿洲文化，推动世界文化的交汇融合，形成丰富多彩的地域文化。应该说，没有坎儿井就没有吐鲁番、就没有绿洲。坎儿井不仅是一项伟大的水利工程，同时也蕴含着极为深厚的文化底蕴，作为文化遗产所代表的特殊的人类文化精神受到各界的广泛关注。

但是，近年来坎儿井地区地下水位持续下降。一方面由于在20世纪60—70年代期间，新建的明渠直接将河水送入灌区，而不再有足够的水源渗入沙漠地区。另一方面，90年代以来，在吐鲁番及哈密盆地大量建造机电井站，抽水直接灌溉耕地，同一地区机电井与坎儿井之间争采同一浅层地下水，造成水量大减，导致相当部分坎儿井迅速衰退，干涸的速度加快。同时，由于坎儿井自身的构造特点，开凿、延伸、掏捞、修复和加固的成本较高，不仅高于明渠，而且也高于机井水。坎儿井每年都要进行必要的掏捞、清淤、加固等工作，每条坎儿井的每年掏捞清淤费用约2万元。由于当地群众资金匮乏，掏挖、维修坎儿井不及时，引发坍塌加剧，客观上形成了坎儿井的衰败趋势。

不久前，吐鲁番行署副专员、自治区发展改革委和自治区考古所的同志们来国家文物局反映。在铁木尔副委员长的协调下，国家发展改革委员会为抢救坎儿井水利工程，决定2007年补助资金6 000万元，修缮每条坎儿井约需40万元。但是就在这笔经费还未到位的时候，2006年“坎儿井地下水利工程”被公布为全国重点文物保护单位，并被国家文物局列入《申报世界文化遗产预备名单》。于是国家发展改革委员会就征求文物部门的意见，是否应该按照文物保护的要求进行坎儿井的修缮。随即新疆维吾尔自治区文物局组织编制了五道林坎儿井、阿訇坎儿井、温地尔乡约坎儿井等三条坎儿井的抢救性保护加固工程方案。平均每条修缮经费要三四百万元。对此，吐鲁番地区领导十分着急，既担心由于列入全国重点文物保护单位，国家发展改革委员会的补助经费不能落实，又担心由文物部门组织修缮，造价太高，难以实现。

经过调研，我们认为，坎儿井作为仍在使用的、与广大民众生活和生产密切相关的文化遗产，维护其使用功能，从而确保其生命的延续，保证其在人们生活用水、农业灌溉方面发挥重要作用，造福当地民众的生活和生产，是保护的首要目标。因此，首先要加强水资源管理，停止审批坎儿井保护范围内新打机电井项目，逐步实现关停部分机电井，减少地下水的开采，以涵养地下水环境，避免因地下水位下降而对坎儿井衰退干涸造成直接危害。

吐鲁番艾丁湖乡干店村一组坎儿井调研

同时，应对逐条坎儿井进行价值评估和病害诊断。对于这类特殊的活态文化遗产的保护，需要认真思考与探讨，不能简单按照一般的静态文物古迹的保护和修复方式，应尽可能保持现状，继续为当地民众日常生活所用。要考虑其体量庞大，构造特殊，情况复杂的特点。对数量众多的坎儿井，及时划定申报世界文化遗产的范围，列入全国重点文物保护单位的范围和一般保护范围，以便区别对待。在遵循文化遗产保护原则的前提下，满足现代水利工程实际使用的需要，实现两者间的有机结合，造福当地广大民众。

目前，对于坎儿井的修缮加固，吐鲁番地区水利部门拟采取套涵管加固方式，这一方式，在保证其可逆性的前提下，在重点部位、部分点段使用是可行的，但是在坎儿井的全线大范围使用，对文化遗产的扰动过大，原状改变太多，势必影响文化遗产的真实性。而文物部门拟采取用锚杆加固、喷 PS 等方法加固坎儿井井壁，这一方法造价过高，工程实施难度较大，对文化遗产的真实性存在较严重的影响，也不宜全线铺开。

在保护与修缮过程中，应注重传统手段与现代方法的结合，尽可能沿用民间传统的坎儿井修缮方法，充分调动当地民众的积极性和聪明才智，沿袭他们祖祖辈辈的传统技艺，而不能由文物部门或水利部门包办代替。应该借鉴四川羌族村寨和碉楼修缮工程所采取的做法，在对当地民众进行文化遗产保护知识培训的基础上，由当地能工巧匠带领组织起来的当地民众，按照传统工艺和方式开展自救式修缮。这样做，第一，可以调动坎儿井使用者参与文化遗产保护的积极性，当地民众最知道坎儿井对于他们生活的意义，修自己村庄的坎儿井会保持高度责任心，确保工程的质量；第二，可以节省经费，传统的施工方法和掏挖清理办法，将大大降低成本，节约修缮资金，并可以实现“以工代赈”，当地民众通过辛勤劳动增加收入，保护工程直接惠及当地民众；第三，也是最重要的，这种修缮方式，可以最大限度地保持坎儿井的历史原状，对遗产的真实性实现最小干预，同时，使当地更多的民众掌握坎儿井保护修缮的传统技艺，有利于坎儿井文化的弘扬与传承，实际上也是对这种非物质文化遗产的保护。

二、我的初步学习体会

科学发展观的第一要义是发展，我们必须深刻认识发展是解决文化遗产事业面临的所有问题的关键；发展对于开创文化遗产事业新局面具有决定性意义。文化遗产事业必须走既切合自己国情，又符合时代要求的发展道路。通过学习实践活动，着力解决发展思路不清、发展信心不强、发展方式落后、发展质量不高、发展后劲不足等问题。通过对大明宫遗址保护整治的调研和近几天来鼓舞人心的消息，使我认识到解放思想、转变观念在文化遗产保护中的无比威力。长期以来，大型古代城市遗址保护，与其所在区域经济社会发展和广大民众生产生活改善，存在着尖锐的矛盾。其原因在于我们所采用的保护措施仅限于死看硬守，在保护范围内对公众活动，尤其是对长期生活在遗址保护范围和建设控制地带内的民众生产生活进行限制，使他们的生存状况难以改变。

面对大遗址保护状况日益恶化的形势，面对遗址所在地人们对人居环境改善的渴望，我们必须要有明确的对策，对城市发展和民众生活给予更多的关注，其核心问题是如何处理好减缓和制止大遗址保护范围内的城市化进程与妥善处理当地民众脱贫致富、发展生产、改善生活的关系。如果众多大遗址继续维持甚至恶化目前状况，我们的保护就得不到民众的理解，得不到社会的支持，得不到政府的重视。因此，解决大遗址保护与当地民众发展生产、改善生活的关系问题，就要做到统筹兼顾，相得益彰。解决的最佳办法是将二者在空间上分开，即将“不可移动”的大遗址在原地妥善保护，将“可移动”的居民、机关和企事业单位在遗址外妥善安置。

科学发展观的重要思想方法是统筹兼顾，我们必须深刻认识在文化遗产保护工作中要善于统筹全局、兼顾各方，处理好各种利益关系，夯实基础工作，多做打基础、利长远的事，努力实现总体目标。着力解决全局意识不足、缺乏战略思维，统筹能力不足等问题。如果我们通过对大遗址实施积极地保护而带动了地区的文化氛围，改善了城市的环境，提高了民众的生活水平，带动了相关产业的发展，我们的工作成果就必然会感动社会各界，就会有更多的人力和资金投入保护事业，就会得到更广泛的支持。大明宫遗址被拆迁民众送来的几十面锦旗就充分证明了这一点。他们说“我们20多年前就盼着这一天，城市建设、环境整治都没有使之实现，没想到最后是靠文物保护实现的。文物保护使我们离开了环境脏乱的地区，离开了生活水平的低下，离开了交通拥挤，是文物保护给我们带来了实惠”。

这些大遗址保护探索与实践，对于我们在新的历史时期开展大遗址及其背景环境的保护，处理好保护与发展的关系，通过保护成果改善民众的生活质量等方面，具有重要借鉴意义，对带动全国大遗址的全面保护，具有重要的示范作用。只有将大遗址保护融入当地城市建设规划和经济社会发展计划之中，成为其中积极的因素，才能真正体现出文化遗产的价值，实现文化遗产的尊严，有尊严的文化遗产才能焕发出无比活力。我们必须通过一处处大遗址保护的成果证明，文化遗产不代表落后，不代表贫穷，不代表脏乱，大遗址能够成为城市中最美丽的地方，成为改善人们生活环境价值最大的地方。只有这样，文化遗产事业才能不断创造辉煌业绩。

科学发展观的核心理念是以人为本，我们必须深刻认识中华文化是民众创造的，民众是文化遗产的主人，文化遗产保护必须紧紧依靠民众的力量，文化遗产保护成果必须惠及广大民众。着力解决执政为民意识淡薄、对民生问题关注不足、保障民众基本文化权益不够等问题。通过对吐鲁番地区坎儿井保护修缮问题的调研，使我更深刻地认识到，文化遗产植根于特定的人文和自然环境，与当地居民有着天然的历史、文化和情感联系，这种联系已经成为文化遗产不可分割的组成部分。保护不意味着与当地民众和当代生活的隔绝与封闭。文化遗产的兴衰，与民众的利益息息相关，牵动着千家万户的情感。广大民众是文化遗产的创造者、使用者和守护者，是文化遗产保护推进的真正动力。

广大民众是否支持和积极参与，是决定文化遗产保护成败的重要因素。在这一背景下，文化遗产保护离不开公众参与，并要使公众共享保护成果。所谓公众参与，是指社会公众参与政府公共政策的权利。在民主法治社会，公众参与应该成为社会生活中的常态，也是公共管理者必然要面对和必须要适应的社会环境。民众是文化遗产的第一主人，他们应该充分参与到那些影响他们生活质量的公共决策制定中来，公共管理者和决策者必须正视这一现实，并积极加以适应。没有公众参与的文化遗产保护,将无法保持长久的生命力,换句话说，广大民众的积极参与是文化遗产事业赖以存在和发展的决定性力量。只有民众倾心地、持久地自觉守护，才能实现文化遗产的真正保护。只有众多民众积极投入到维护自身文化权益的事业之中，才能实现“共同的努力”。

科学发展观的基本要求是全面协调可持续发展，我们必须深刻认识文化遗产是不可再生的物质资源、文化资源和精神资源，必须坚定不移地贯彻执行《中华人民共和国文物保护法》和文物工作方针，竭尽全力保护好这份珍贵的资源，使之得到持久永续的传承。着力解决责任意识不足，促进经济社会协调发展观念不足等问题。因此，我们必须尊重和维护民众与文化遗产之间的关联和情感，保障民众的知情权、参与权和受益权。无论是在考古发掘或文物建筑修缮工程中，在博物馆建设或博物馆免费开放过程中，都应积极取得广大民众特别是当地居民的理解并使其参与其中。

今天，我们开展深入学习实践科学发展观活动，就是要进一步解放思想、实事求是、改革创新，切实增强贯彻科学发展观的自觉性和坚定性，着力转变文化遗产保护不适应、不符合科学发展要求的思想观念，着力构建有利于文化遗产事业科学发展的体制机制，提高领导科学发展、促进社会和谐的能力，使我们的每一项工作更加符合科学发展观的要求，把科学发展观贯彻落实到文化遗产事业发展的各个方面。

解放思想讨论就是要坚持把务求实效作为开展学习实践活动的出发点和落脚点，通过学习实践活动，把科学发展观的要求转化为推进科学发展的坚强意志、谋划科学发展的正确思路、领导科学发展的实际能力、促进科学发展的政策措施、提高思想觉悟的自觉行动，努力促进文化遗产事业又好又快发展。目前学习实践活动仍处于第一阶段的解放思想讨论环节，这一环节就是要围绕解放思想这一主题，围绕科学发展进行解放思想讨论，转变观念、提高认识、统一思想，对事关文化遗产事业发展全局的重大问题达成共识，就是要着力找准并解决影响和制约科学发展的突出问题。为此，我们将继续努力。

我国文化遗产事业 30 年的基本经验[①]

（2008 年 12 月 22 日）

在全国上下隆重纪念改革开放 30 周年的热潮中，在全国文物系统努力推进文化遗产事业科学发展的进程中，我们召开全国文物局长会议，全面总结改革开放 30 年来文化遗产事业的发展成就和基本经验，在新的起点上开创文化遗产事业新局面。

2008 年全国文物局长会议

30 年前，中国改革开放的大幕拉开，中国文化遗产事业与国家

① 2008 年 12 月 12 日在全国文物局长会议上的讲话。

改革开放和现代化的发展进程风雨同舟、命运与共。30 年来，与全国其他系统凯歌高奏、捷报频传一样，中国文化遗产事业也呈现出蓬勃发展的喜人局面。

一、基础工作进一步夯实，文化遗产事业能力建设得到加强

文物法治建设明显加快。1982 年颁布的《中华人民共和国文物保护法》，是我国文化遗产事业发展的一个里程碑。2002 年新修订的《中华人民共和国文物保护法》颁布实施，标志着我国文化遗产保护法治化进程又大大前进一步。30 年来，国务院先后颁布《中华人民共和国水下文物保护管理条例》《中华人民共和国文物保护法实施条例》（简称《文物保护法实施条例》）、《长城保护条例》和《历史文化名城名镇名村保护条例》，一大批地方性法规陆续出台。目前，我国已经颁布施行涉及文物保护的法律法规、部门规章和规范性文件超过 400 件，文物保护法律法规体系已初步形成。

文物资源调查建档工作成效显著。在 1981 年第二次全国文物普查的基础上，2007 年启动第三次全国文物普查。文物保护单位“四有”工作扎实推进。第一至五批全国重点文物保护单位记录档案备案基本完成，全国馆藏文物腐蚀损失调查顺利完成，全国博物馆一级文物藏品建档、全国重点文物保护单位保护状况调研等工作取得了阶段性成果。文物调查及数据库管理系统建设项目已推广到 11 个省区。长城资源调查、大运河资源调查等全面铺开。

文物安全保障机制初步建立。30 年来，文物保护机构逐步健全。1978 年全国文物系统有各类文物保护机构 721 个，2007 年有 4 277 个，增加了近 6 倍。至 2007 年底，全国有 24 个省、自治区、直辖市成立了副厅（局）级以上的文物局，全国省级文物行政部门均成立了

行政执法专兼职机构。2005 年以来，连续 4 年在全国范围内开展文物行政执法专项督察。防范和打击文物领域犯罪活动的力度加大。推进文物系统博物馆风险等级和安全防护级别达标工作。田野文物技术防范工作初见成效。一批古建筑消防安全设施得到完善。

文物队伍建设势头良好。30 年来，全国文物从业人员从改革开放之初的 2.6 万人发展到 8.7 万人，知识结构、学历结构、职称结构都有了很大改善。文物保护专业技术人员的管理体制日臻完善。建立了有效的人才培训模式，大教育、大培训观念进一步强化，多渠道联合办学的教育培训模式日渐成熟，涉外培训工作深入开展，为事业的发展提供智力支持和人才保证。

科技的引领和支撑作用日益凸显。开展中长期科技发展规划战略研究。设立 12 个国家文物局重点科研基地。一批重点课题被列入首批启动的国家科技支撑计划重点项目。“指南针计划”取得阶段性进展。成立全国文物保护标准化技术委员会，推进文化遗产保护标准化建设。目前有 11 项标准列入国家标准制修订计划，40 项列入行业标准制修订计划， 9 项行业标准正式颁布。批准成立中国文化遗产研究院。30 年来，有 19 项成果获得国家科技奖励，129 项获得省部级以上科技奖励。

行业信息化建设进展顺利。国家文物局数据中心建设持续推进，文物信息资源总量大幅增长。初步建立起国家、省、文物博物馆单位三级存储的馆藏文物数据库。开展流失海外文物调查工作，建立流失海外文物信息资料数据库，现已录入流失海外中国文物数据 2 万余条。文物行政部门机关办公自动化系统投入运行，提高了工作效率。政务公开、在线办事和互动交流等初见成效，信息服务水平不断提升。

二、不可移动文物保护卓有成效，社会效益和经济效益显著增强

文物保护力度明显加大。30 年来，国家先后公布了 5 批全国重点文物保护单位。目前，我国已公布全国重点文物保护单位 2 351 处、省级文物保护单位 8 831 处、市县级文物保护单位 58 371 处；先后公布了国家历史文化名城 109 座，中国历史文化名镇名村 251 个。一大批文物保护单位得到保护修缮，周边环境明显改善。西藏重点文物保护工程、故宫维修工程、山西南部地区早期建筑保护工程、明清皇陵保护工程、重点石窟保护工程等取得成果。特别是近几年来，文物保护领域得到拓展。工业遗产、乡土建筑、文化景观、文化线路、二十世纪遗产等进入保护视野。“长城保护工程”进入全面实施阶段。大遗址保护全面启动，丝绸之路（新疆段）、西安大遗址片区、洛阳大遗址片区、大运河等重点示范项目稳步实施。高句丽遗址、安阳殷墟遗址、隋唐洛阳城遗址和西安大明宫遗址保护工程等产生了良好的社会效益和经济效益，推动文化遗产保护成果惠及民众。

值得一提的是，军队营区文物保护工作取得进展。军队系统组织相关部门开展军事管理区文物保护的调研和立法工作，开展第二轮军队营区文物普查。为加强和规范军队营区文物保护和管理，根据《中华人民共和国文物保护法》和部队相关规定，军队系统即将发布《关于加强军队营区文物保护工作的通知》，明确军队文物主管部门及各部门职责、文物保护经费来源和法规制度建设，推动军队营区文物保护。

考古工作扎实开展。30 年来，国家大型基本建设中的考古和文物保护工作不断取得重大突破。三峡水库、西气东输、青藏铁路、南水北调等涉及国计民生的国家重点工程考古和文物保护工作扎实

开展，彰显文化遗产保护是经济建设的重要组成部分，实现经济建设与文化遗产保护的双赢。辽宁朝阳牛河梁遗址、浙江余杭良渚遗址、山西襄汾陶寺遗址、四川广汉三星堆祭祀坑遗址、河南偃师商城遗址、山西侯马晋侯墓地遗址等重要考古发现，不断深化人们对历史文明进程的认识。人类起源、农业起源、文明探源、城市考古、边疆考古、航空遥感考古等课题研究顺利开展。考古资料整理和出版工作成效显著。水下文物保护工作取得长足进展，“南海Ⅰ号”“碗礁Ⅰ号”“华光礁Ⅰ号”等沉船遗址的抢救性发掘工作引起社会广泛关注。

牛河梁国家考古遗址公园

世界文化遗产事业取得突破。1985年，中国加入《保护世界文化和自然遗产公约》，推动了中国文化遗产事业面向世界。自1987年中国的第一批6项遗产进入《世界遗产名录》以来，我国已拥有世界遗产37处，其中文化遗产26处，自然遗产7处，文化与自然混合遗产4处，数量居世界第三位。《世界文化遗产保护管理办法》等一批法规颁布实施，保护体系日趋完善。一批体现世界文化遗产类型平衡性和多样性的文化遗产列入《中国世界文化遗产预备名单》。世界文化遗产事业带动了遗产所在地社会经济和文化的发展，提高了当地民众的生活水平，改善了他们的居住环境，真正给他们带来了实惠。

三、博物馆事业蓬勃发展，公共服务能力不断提高

博物馆体系日臻完善。博物馆数量大幅增加，1978年底全国文物系统博物馆只有349个。截至2007年年末，全国博物馆总数已超过2 400个。其中，全国文物系统有博物馆1 722个，增长了近4倍。博物馆的门类日益丰富，多种类型博物馆竞相辉映。办馆主体呈现多元化，行业、部门举办的博物馆有了很大发展；企业、团体、个人等社会力量兴办的博物馆日渐增多，基本形成了门类丰富、特色鲜明、专题突出、分布广泛的博物馆发展新格局。

藏品保管取得进展。目前全国博物馆藏品总量已达2 000万件（套），其中，文物系统博物馆藏品达1 280万件（套）。绝大部分省级以上博物馆及部分新建的地市、县级博物馆设施齐全，藏品保存、展示环境有了明显改观。全国100个一级风险单位的博物馆已全部达到安全技术防范标准。随着重大馆藏文物保护修复工程的实施、一批区域性中心库房的建立和文物集中代管制的推行，以及百余项文物保护技术的研发、推广和应用等，使馆藏品的科技保护水平大大提高。

社会效益显著提升。30年来，全国博物馆积极融入社会，基本陈列和专题展览的主题内容、科技含量和艺术感染力都有较大提高。

积极启动县级博物馆展示服务水平提升工程。全面开展博物馆评估定级。探索建立博物馆纳入国民教育体系的长效机制。目前，全国博物馆每年举办展览近万个，接待观众2.56亿人次。全国有1 000多个博物馆、纪念馆被确定为爱国主义、科学普及等方面教育基地，每年接待未成年观众9 200多万人次。博物馆正成为传播先进文化、普及科学知识、弘扬社会正气、塑造美好心灵的生动课堂。

阳江市“南海一号”整体打捞

免费开放取得突破。改革开放以来，我国逐步完善博物馆对未成年人、老年人、军人、残疾人等社会特殊群体的门票减免费制度。继2004年杭州、北京、广州、苏州、武汉等地的部分博物馆，以及湖北省博物馆、天津博物馆等先后向全社会免费开放后，2008年，全国博物馆免费开放工作正式启动。免费开放使更多的公众走进博物馆，加快了博物馆融入社会的步伐。目前，全国已有1 000多个博物馆实现了免费开放，观众量比以往同期增长了2倍。

四、对外交流与合作成绩斐然，文物外事工作开创新局面

政府间的交流与合作深入发展。30 年来，对外交流与合作逐步呈现出多层次、多渠道、全方位的发展势头。与意大利、秘鲁等国签署政府间《关于防止盗窃、盗掘和非法进出境文物的协定》，与韩国、希腊等国的文化遗产部门签署关于文化遗产保护合作谅解备忘录或意向书。中意文化遗产保护中心合作项目取得阶段性成果。合作打击国际间文物走私犯罪活动初见成效。对外援助项目取得成果。中柬、中蒙、中肯合作项目获得相关国家政府和国际组织好评。面向亚非国家的文化遗产保护培训项目持续开展，涉外合作研究和培训项目不断增多，质量不断提高。

与国际组织的交流与合作日益紧密。30 年来，中国先后加入国际博物馆协会、国际古迹遗址理事会和国际文化财产保护与修复研究中心等 3 个国际组织，以及《保护世界文化和自然遗产公约》《关于禁止和防止非法进出口文化财产和非法转让其所有权的方法的公约》《关于被盗或非法出口文物公约》和《武装冲突情况下保护文化财产公约》等 4 个国际公约，促进了中国文化遗产保护与国际间的接轨。成功获得国际博物馆协会第 22 届会员代表大会主办权。国际古迹遗址理事会国际保护中心在西安成立。我国代表通过竞选担任国际古迹遗址理事会副主席，国际博物馆协会亚太地区主席、副主席，国际文化财产保护与修复研究中心理事等职务。中国在国际文化遗产保护领域拥有了更多的话语权。

文物出、入境展成为亮点。改革开放之初，中国赴境外文物展览数量每年平均不到 3 项，目前增加到每年 70 多项。30 年来，中国共有 1 000 余项文物展览走向世界，观众逾亿，成为中华优秀传

统文化的承载者、传播者。特别是在一些重大外事活动中，文物展览作为“外交使者”“国家名片”较好地配合国家外交大局，传播中华文化，帮助各国民众深入了解中华民族的悠久历史和文明进程，树立当代中国繁荣昌盛、和谐发展的形象。同时，我国接待了来自各个国家和地区的文物展览，拓宽广大民众了解世界文化多样性的渠道。

中外文化遗产保护理念更加融合。这些年来，我们着眼于中国文化遗产事业的长远发展，以更加自信的心态、海纳百川的胸怀，参与国际文化遗产保护理念的交流、碰撞。成功承办国际博物馆协会亚太大会、第 28 届世界遗产大会、第 15 届国际古迹遗址理事会大会、文化遗产保护与可持续发展国际会议、东亚地区文物建筑保护理念与实践国际研讨会、城市文化国际研讨会、东亚地区木结构彩画保护国际研讨会等国际会议；陆续形成《上海宪章》《苏州宣言》《西安宣言》《绍兴共识》《北京文件》《北京宣言》《北京备忘录》等国际文件，进一步丰富国际文化遗产保护理论。

五、民间文物收藏日趋活跃，文物市场逐步走上健康发展轨道

文物市场管理逐步规范。30 年来，我国建立了较为完善的文物经营资质和文物标的审核管理制度；文物市场经营主体、流通范围趋向多样化，实现由国家统管专营向依法管理的转变。目前，民间文物收藏呈现快速发展态势。2007 年，全国有文物商店 100 多家，库存文物 843 万件，当年为博物馆提供藏品 1 377 件。文物商店改制工作稳步推进。全国具备文物拍卖资质的文物拍卖企业有 240 多家，当年文物拍卖总额达 237 亿元。文物拍卖成为社会公众关注的

热点之一。

文物进出境审核得到加强。文物进出境审核机构由改革开放之初的4个增加到17个，基本覆盖了我国主要口岸。审核机构的文物行政执法性质得以明确。文物进出境审核抢救了数以万计的珍贵文物，基本扭转了文物大量流失出境的局面。文物出境审核数量大幅下降，2007年文物出境审核数仅为1978年文物出境审核数的21.44%。同时，文物进境数量逐年攀升，2007年文物临时进境审核1.9万余件，比2006年增长57.97%，其中大部分进境文物留在了境内。

抢救流失文物工作取得进展。改革开放为我国开展文物追索、征集工作，推动文物返还国际合作，抢救流失海外的中国文物创造了条件。近年来，成功追索走私到英国的中国文物3 000多件；追回流失海外14年的北朝石刻菩萨造像；将流失到丹麦的156件中国文物返还中国。此外，发挥国家重点珍贵文物征集专项经费的带动作用，多渠道争取流失海外文物征集工作取得进展。特别是自2002年以来，先后从海外成功征集了包括北宋米芾《研山铭》、商代重器子龙鼎等在内的6万余件（套）珍贵文物。

六、全社会参与势头方兴未艾，文化遗产保护的理念逐步深入人心

文物保护经费投入明显加大。文化遗产事业的发展，是综合国力特别是国家经济实力增长的重要体现。据不完全统计，改革开放以来，全国文物事业费收入共468亿元，从1978年的0.6亿元增加到2008年65亿元，增长了107倍。其中，中央财政文物保护专项资金投入共79.5亿元，从1978年的0.07亿元增加到2008年的25.2亿元，增长了360余倍。大力推进文物保护专项经费“阳光工程”，

经费使用的公开度、透明度和效益不断提高。

文物博物馆社会组织得到发展。改革开放以来，文物博物馆社会组织焕发了勃勃生机。目前，仅国家文物局主管和业务指导的社会组织就有 19 个。各社会组织规范内部管理，加强自身建设，显现出组织不断壮大、事业和谐发展的良好局面。文物博物馆社会组织积极承担社会责任，拓宽了文化遗产保护领域，逐步成为推动文化遗产事业发展的一支重要生力军。一些社会组织不断开阔视野、拓展业务，促进对外及与港澳台地区的交流，推动中华文化走向世界。

文物资源开发工作富有成效。各级文物部门深入挖掘、充分展示文物所凝聚的深刻内涵，为弘扬中华文化、巩固和发展积极健康的主流意识形态作出努力。积极开展各种形式的文物保护单位、博物馆进校园、进社区活动，加强文物图书、报刊、音像制品的出版发行。推进网络信息化建设，丰富文物工作的表现形式和传播形式，增强文化遗产的感召力和吸引力。注重把文物展览、图书、音像制品推向世界，提升中华文化的软实力和国际竞争力。

文化遗产宣传工作不断深化。30 年来，全国文物部门以文化遗产为依托，大张旗鼓开展丰富多彩的宣传活动，宣传《中华人民共和国文物保护法》，普及文化遗产保护知识。国家设立“文化遗产日”，完善重大新闻发布制度，启用中国文化遗产标志，推广文化遗产保护公益歌曲。各级文物部门以“文化遗产日”为契机，不断拓宽宣传思路，面向民众的宣传活动卓有成效。对不断涌现的先进典型给予积极的表彰和奖励，一个全社会关心、爱护并参与文化遗产保护的热潮已初步形成。

30 年来，我们初步建设一个符合我国文化遗产保护特点的法律法规体系，一个适应我国文物资源分布和类型特点的保护管理体制，一个保障广大民众基本文化权益的社会服务机制，一支保证文化遗产事业得以持续发展的专业人才队伍。30 年来，中国文化遗产事业之所以能够取得如此成就，归功于国家对文化遗产事业的高度重视和坚强领导，归功于各级政府的具体指导和全力支持，归功于广大民众及社会各方面的倾心关注和热情参与。30 年来，我们始终努力开辟中国特色文化遗产事业发展道路，建立并不断完善中国特色文化遗产事业理论体系，积累了极其宝贵的经验和启示。

——我们坚决贯彻文物工作方针，严格执行《中华人民共和国文物保护法》，深入探索新时期文化遗产工作规律，正确认识和把握保护、利用、管理和弘扬传承的关系，取得较好的经济效益与社会效益。实践证明，文物工作方针是指导中国文化遗产事业科学发展的法律准则，保护、利用、管理和传承是相互贯通、相互依存、不可分割的统一整体。必须正确处理好有效保护和合理利用的关系，促进文化遗产事业全面协调可持续发展。

——我们坚持以人为本，尊重社会公众对文化遗产工作的知情权、参与权、监督权和受益权，拓展社会参与文化遗产保护的渠道；不断推出文化遗产保护的新成果，维护广大民众的基本文化权益，让广大民众共享文化遗产事业发展成果。实践证明，文化遗产事业是全社会的共同事业，人民群众是文化遗产事业的主体，是推动事业发展的力量基础和源头活水。必须紧紧依靠人民群众，坚持执政为民，切实把实现好、发展好、维护好广大民众的根本利益作为文化遗产事业的出发点和落脚点。

——我们不断解放思想、实事求是、与时俱进，深化改革、大胆创新，努力把握文化遗产发展趋势，破除制约文化遗产发展的各种思想障碍；按照建设创新型国家的要求，增强创新意识，焕发创新激情，推进理论创新、制度创新、体制创新和科技创新，着力建设创新型事业，完善文化遗产创新体系。实践证明，发展中国文化遗产事业的动力是改革、关键是创新。必须进一步解放思想、深化改革，努力提高自主创新能力，为发展中国特色文化遗产事业提供强大动力。

——我们牢牢把握国际文化遗产保护的发展趋势，加强文化遗产保护领域国际交流与合作，汲取世界文化遗产保护的先进理念，博采众长、推陈出新，辩证取舍、择善而从，推动中国文化遗产事业的繁荣发展。实践证明，中国文化遗产事业的发展离不开世界，国际间文化遗产保护的学习和借鉴是文化遗产事业发展的必要条件。必须进一步对外开放，开展更有深度和实质性内容的合作与交流，使中国文化遗产事业始终保持蓬勃的生机和旺盛的活力。

正确认识和把握文化遗产事业发展面临的形势，历来是我们想问题、定规划、做决策的重要前提和依据。经过改革开放30年的发展和进步，文化遗产事业已站在一个新的历史起点上。必须把文化遗产事业放到改革开放和国家现代化建设的大背景、大环境中去考察、去把握。从总体上看，我们要把握以下几个方面的大背景。

——科学发展提出了新要求。科学发展是中国文化遗产事业必须始终坚持和贯彻的战略思想。要求文化遗产事业更加重视全面发展，更加重视协调发展，更加重视可持续发展。要对改善民众生活给予更多的关注，正确处理文化遗产保护与当地民众发展生产、改善生活的关系，做到统筹兼顾，相得益彰；要增强发展的协调性，妥善处理各种利益关系，充分调动各方面积极因素，在科学保护抢救和管理的前提下合理利用，兼顾整体利益和局部利益、长远利益和当前利益、行业利益和地区利益、社会效益和经济效益；要顺应工业化、信息化、城镇化、市场化、国际化深入发展的趋势，把文化遗产事业融入国家改革开放和发展的洪流之中，努力营造有利于文化遗产事业发展的和谐环境，使文化遗产保护成为全社会的共同行动。

——广大民众有了新期待。随着国家经济发展、社会进步和物质生活的改善，广大民众求知、求乐、求美、求参与、求健康的愿望更加强烈，文化消费的需求日趋旺盛并呈现多样化态势，文化遗产已走进广大民众的生活。人们迅速增长的多层次、多样化、多方面的文化需求，为繁荣发展文化遗产事业提供了内在需求和强大动力。要坚持以人为本，充分尊重人民群众的主体地位和主动精神，使人民群众在参与文化遗产保护上“各尽其能”，在共享文化遗产保护成果上“各得其利”，动员亿万民众共同保护这份丰富的资源；要倾听民众呼声、体察民众意愿、顺应民众需求，为广大民众提供丰富的精神食粮，保障广大民众的基本文化权益；要通过文化遗产保护，改善城乡的生态环境、保持浓厚的文化环境、创造美好的宜居环境，使文化遗产保护成果更好地惠及民众、普及民生；要在有效保护的前提下，更加合理地利用文化遗产资源，发挥文化遗产多方面的功能，为社会发展、经济建设和民众生活服务。

——综合国力提供了新保障。改革开放30年来，我国经济社会进入新的发展阶段，综合国力特别是经济实力大幅提升，社会繁荣进步，文物保护经费投入逐年加大，社会参与热情日益高涨，为文化遗产保护提供了坚实的物质保障和社会基础，为文化遗产事业发展开辟了更为广阔的前景。这要求我们抓住机遇，以文化遗产事业发展的新成果，争取文物保护经费增长途径；要进一步完善经费投入体制机制，努力构建文物保护经费持续稳定增长的保障制度；

要按照“五纳入”的要求，推动各级政府加大文物保护经费投入力度；要拓展社会资金渠道，研究制定社会资金有效进入文物保护领域的政策措施，推动文化遗产事业发展。

——扩大开放赋予了新任务。当今时代，文化越来越成为民族凝聚力和创造力的重要源泉，越来越成为国际间综合国力竞争的重要因素。随着综合国力不断增强，国际地位日益提高，我国已经从国际经济、政治秩序被动适应者逐步转变为国际重大事务的主要参与者。这要求我们以更加宽阔的视野来把握国际文化遗产保护领域发展趋势，加强国际间文化遗产保护的交流与合作；要掌握对外开放的主动权，树立世界眼光，加强战略思维，承担更重要的任务。中国文化遗产事业不仅要顺应世界文化遗产发展潮流，而且要对世界文化的兴盛发展有所作为、有所贡献，增强中华文化的吸引力和感召力。

文化遗产事业历来是与国家经济社会发展紧密联系、相互促进、共同发展的。面对当今世界文化相互激荡的大潮，面对国家发展和民众生活改善对文化遗产发展的要求，面对社会文化生活多样活跃的态势，文化遗产事业必须走既切合国情又符合时代要求的发展道路。

——在发展方向上，要始终坚持文物工作方针，加大文化遗产保护力度，构建科学有效的文化遗产保护体系，繁荣发展我国文化遗产事业，实现由文化遗产大国到文化遗产强国的转变。

——在发展目的上，要始终坚持以人为本，把文化遗产保护与满足广大民众基本文化需求、提高人们生活质量结合起来，丰富人民群众精神文化生活，让人民共享文化遗产保护成果，保障广大民众基本文化权益。

——在发展思路上，要始终坚持把文化遗产事业纳入国家经济社会发展大局，融入世界文化发展进步潮流，置于国家工作总体布局中来谋划、来推进，不断提升中国文化遗产事业的可持续发展能力、自主创新能力和国际影响力。

——在发展动力上，要始终坚持改革创新，适应市场经济发展要求，强化政府主导、动员社会参与、民众共享共建，建设科学有效的文化遗产管理体制、完善的法律法规体系，形成充满生机活力的体制机制、科学的发展模式。

——在发展力量上，要充分尊重人民群众的主体地位和主动精神，研究制定发挥人民主体作用的政策措施，拓展社会参与文化遗产保护的渠道，调动广大民众和社会各方面的主动性、积极性和创造性。

——在发展依托上，要始终坚持把基础工作摆到更加突出的位置，着眼于新形势下基础工作的标准和要求的新变化，着眼于基础工作的长期性和艰巨性，加大文物法治建设、摸清文物家底、文物人才培养和文物安全保障等基础工作的力度。

当前，国家改革发展进入关键时期，国际金融危机愈演愈烈，对全球实体经济的冲击将进一步扩大，我国经济平稳较快发展受到严峻挑战。近期，我国果断实施积极的财政政策和适度宽松的货币政策，采取一系列进一步扩大内需、促进经济增长的政策措施，全力保护经济平稳较快发展。这对于凝聚全国力量、协调各方行动，促进经济社会又好又快发展，具有十分重要的意义。

全国文物系统要把思想认识统一到国家对于国内外经济形势的分析判断上来，正确认识国家扩大内需政策对文化遗产事业的影响，正确处理好文化遗产保护与国家经济社会发展的关系，积极应对文化遗产事业面临的机遇与挑战，积极争取国家政策支持和资金投入，充分发挥文化遗产保护对相关产业的带动作用和对区域经济发展的促进作用，主动筹划，乘势而上，促进文化遗产事业又好又快发展。

过去的一年，全国文物系统忠于职守、勇挑重担，万众一心、沉着应对，不仅取得了抗震救灾的阶段性胜利，精心组织了文物系统迎奥运工作，而且出色地完成了各项重点工作，保持了文化遗产事业持续发展的良好势头。回望过去，倍感欢欣鼓舞；展望未来，更觉责任重大。新时期新阶段，是我国经济社会发展的重要战略机遇期，也是我国文化遗产事业大有希望的重要发展期，必将推动我国文化遗产事业全面发展繁荣。形势喜人，形势逼人。让我们紧密团结、开拓创新，再接再厉、奋发有为，信心百倍地开拓文化遗产事业的美好未来。

大型考古遗址公园的探索与实践[1]

（2010 年 3 月）

大遗址，是根据我国考古遗址的特点，提出的具有中国文化遗产保护特色的概念。经过多年努力，大遗址保护在全国范围内得到广泛推进，包括西安、洛阳、长城、大运河、丝绸之路在内的“两片三线”的大遗址保护格局已经初步确立，实施保护的工作重心也将从宣传和引导，争取各级政府的支持和各相关部门的配合，转入开展保护方式、方法的研究，探索将大遗址保护进一步引向广泛、深入、可持续。其中在继续加强各项基础工作的基础上，全面推进考古遗址的保护展示，实现考古遗址公园，将是今后一个阶段大遗址保护的工作重点[1]。

一、考古遗址公园理念的形成

考古遗址，一般意义上是指“从历史、审美、人种学或人类学角度看具有突出的普遍价值的人类工程或自然与人联合工程以及考古地址等地方”[2]。当前，对考古遗址及其背景环境的破坏威胁，主要来自城乡建设和民众生活环境的变迁。一方面，遗址受遗址外围环境的影响，城市化速度逐步加快，整个遗址的历史风貌受到严

① 此文发表于《中国文物科学研究》，2010 年第 1 期，第 2 页，2010 年 3 月出版。
② 中国国家文物局等：《国际文化遗产保护文件选编》，第 70 页，北京，文物出版社，2007。

重影响，遗址内部环境持续恶化。另一方面，遗址的保护长期未能造福当地民众，由于受保护的限制，又缺乏相应的政策补偿，居民的生产生活未能从遗址保护中得到改善，经济收入和生活水平与遗址区外居民之间的差距越来越大，因而对遗址保护普遍缺乏认同和理解，甚至不断发生破坏遗址的行为。遗址保护之所以形成上述局面，主要症结在于长期以来对其保护管理重视不够，无论在保护观念、法治建设、科技应用、资金投入，还是可持续发展等方面都存在亟待解决的问题。特别是由于遗址保护的管理法规不健全，存在无法可依的情况；管理体制和管理机构不健全，存在有法不依的情况；国家和地方保护管理经费严重不足，存在无力保护的情况。再加上环境恶化、自然侵蚀、突发灾害和缺乏科学依据的修复等自然和人为破坏因素，使遗址的保护出现了众多难题和困难。因此，对我国考古遗址及其背景环境实施抢救性保护，已成为刻不容缓的紧迫任务。

公园，一般意义上是指“由政府或公共团体建设经营，供公众游憩、观赏、娱乐的园林。有改善城市生态、防火、避难等作用”①。资本主义初期的欧洲，一些皇家贵族的园林逐渐向公众开放，形成最初的公园。19 世纪中叶，欧洲、美国和日本出现经设计、专供公众游览的近代公园。19 世纪末至 20 世纪初，我国各地开始相继建设公园。1872 年，美国建立了黄石国家公园，迄今为止已有 24 个国家建立了国家公园管理体制。这种体制体现了国家对遗产的尊重，体现了公共财政投入的方向，在管理上也取得了重要的实践经验。在我国现有的公园体系中，有一类是以不同自然地带的典型自然、

① 中国大百科全书出版社编辑部：《中国大百科全书（简明版）》，第 3~1582 页，北京，中国大百科全书出版社，1998。

生态系统形态为主题的公园，如森林公园、地质公园、矿山公园、湿地公园等，这些公园是对具备特殊景观风貌特征的自然生态资源的一种集中展示，是集保护、科研、科普、旅游等多项功能于一体的资源利用方式。考古遗址公园与此相类似，它是指基于考古遗址本体及其环境的保护与展示，融合了教育、科研、游览、休闲等多项功能的城市公共文化空间和遗址类的文化景观，是对考古类文化遗产资源的一种保护、展示与利用方式。考古遗址公园既是大遗址保护工作的创新，同时也是对公园这一城市功能元素内涵的拓展，是在大遗址保护发展到一定阶段，国家经济实力具备了一定基础后的产物，具有鲜明的时代特色。

古京都历史建筑与园林二条城

在我国，考古遗址公园建设也已经有多年的实践。在北京，1983 年由国务院批准的《北京城市建设总体规划》，就将圆明园遗址确立为遗址公园。1985 年，北京大兴开始建设团河行宫遗址公园，此后又相继建成了元大都城垣遗址公园、皇城根遗址公园、明城墙遗址公园等，迄今为止，北京地区名为遗址公园的考古遗址已达 10 个。在全国各地，也根据考古遗址的特点和保护的实际需要，陆续建成开放了一些各具特色的遗址公园。世纪之交，遗址公园这一概念正式进入文化遗产保护领域。2000 年 9 月，国家文物局批复了《圆明园遗址公园规划》。此后，又相继批准了秦始皇陵遗址公园和大明宫遗址公园的建设。综合考察上述已经建设的遗址公园，可以发现它们各自之间的差异。就性质而言，有的是考古发掘现场或遗址保护与展示园区，为的是向公众展示考古发现或遗址保护成果；有的是重大历史事件的发生地，以保留展示典型纪念遗迹为目的；有的是围绕某一历史题材创建的主题公园，甚至是新建的旅游项目。就规模而言，有的呈现出整座古代城市或宫殿、园林遗址，有的则仅展示出考古遗址的一个部分，甚至是局部建筑元素。从严格意义上来说，它们当中只有一部分是符合文化遗产保护理念和要求的真正的考古遗址公园。

秦始皇陵遗址公园

考古遗址公园的建设在我国具有巨大潜力。目前在我国普查登记的40余万处不可移动文物中，古文化遗址和古墓葬类占半数以上。在我国 2 351 处全国重点文物保护单位中，属于大遗址类别的有 500 余处，占总数的 1/4 左右。在 8 000 多处全国省级文物保护单位中，属于大遗址类别的有 2 000 余处。仅就首批列入大遗址保护国家项目库的 100 处大遗址进行分析，可以归纳出以下特点：一是类型复杂。100 处大遗址的类型包括城址、聚落址、墓葬址、窑址等，其中城址、聚落址和墓葬址占总数的 70.3%，在这些类型中，古代城市遗址所占比例较大，是保护的重点。二是规模宏大。100 处大遗址总占地面积达 2.67 万平方公里。其中面积最小的是成都古蜀船棺合葬墓，保护区面积为 1.12 万平方米；最大的是泥河湾遗址，保护区面积为 5 000 平方公里。大部分大遗址的保护区面积在 1~100 平方公里。据统计，其中保护区面积在 1~100 平方公里的大遗址占 71.4%，小于 1 平方公里的大遗址占 21.5%，而大于 100 平方公里的大遗址占 7.1%。三是分布广泛。100 处大遗址中 97 处大遗址呈点状、面状分布于 26 个省、自治区和直辖市，3 处大遗址呈线状跨区域分布于 15 个省、自治区和直辖市。其中 31 处大遗址位于南方的 11 个省和自治区，66 处大遗址位于北方的 15 个省、自治区和直辖市。

我国的大遗址具有年代悠久、分布广泛、数量众多、类型复杂等特点，集中代表了我国传统文化的丰富内涵和发展的历史轨迹，具有不可替代的整体价值和地位，是我国几千年文明史的重要载体，也是我国文化遗产资源的精髓部分。但是，大遗址保护一直是我国文化遗产保护工作的重点和难点，在一些历史性城市问题更为突出。长期以来，我国大遗址保护一般沿用各级政府负责行政管理，地方文物部门实施行业管理与执法监督的模式，存在着相当多的体制机制问题。现有的行政区划和管理制度不仅不利于大遗址的整体保护，甚至成为进一步加强大遗址保护的障碍。由于一些大遗址区域被分割归属于不同的乡镇或街道管辖，不能设立统一的大遗址保护管理机构，条块分割，各自为政，无法形成保护和管理的合力，土地利用、环境整治、人口搬迁和村庄改造等关系到大遗址保护的重大问题难以顺利开展。这种情况不仅严重制约众多大遗址保护管理水平的提升，而且也影响大遗址综合作用的发挥。当地方经济发展与大遗址保护发生矛盾时，地方政府往往以经济发展为首要目标，而大遗址管理单位因受管理层级和权限的制约，无法有效进行协调。针对上述情况，进入新世纪以来一些地区采取有力措施，完善大遗址保护与管理措施，国家文物部门也加强大遗址问题研究，促进保护规划实施的力度，开展考古遗址公园的创新实践，并取得积极成效。

二、考古遗址公园的创新实践

高句丽遗址，是我国东北地区的大型古代城市遗址。其中五女山城是高句丽创建的第一个都城，也是鸭绿江两岸现存100余座高句丽山城中建造最早的一座，其规模宏大、体系完备，保存也较为完整。国内城、丸都山城是高句丽早中期的都城，其特点是平原城与山城相互依存共为都城。由于长期以来当地生产的发展以及人口的不断增加，部分遗址空间地带被民房、工厂、电力设施所占用。日趋活跃的人类活动影响着大遗址周围的环境，同时也对文化遗产本体安全构成一定的威胁。2003年，国家文物行政部门会同吉林、辽宁两省政府，加大了对这组大型古代城市遗址的保护整治力度，在4个月的时间内，完成了不合理占压遗址的建筑物拆迁，妥善安置了千余户居民和企事业单位，拆除20余万平方米占压遗址的建筑和约 2 000 座现代墓葬，实现绿化面积百余万平方米，净化了大遗址的环境。随后逐步完成考古调查、发掘和文物维修及展示，一次性建成面积 276 公顷的辽宁桓仁五女山城遗址公园、21 公顷的吉林集安国内城遗址公园、284 公顷的丸都山城遗址公园和 72 公顷的王陵及墓葬区遗址公园。这 4 处高句丽遗址公园面积总计 650 余公顷，从根本上解除了这些大遗址保护的后顾之忧，为未来的保护和科学考古创造了条件。2004 年 7 月，高句丽王城、王陵及贵族墓葬作为世界文化遗产列入《世界遗产名录》。

高句丽遗址将军坟

2003 年 6 月，《安阳殷墟保护总体规划》经国家文物部门批准后由河南省政府颁布实施，为殷墟遗址科学保护与可持续发展奠定了基础。安阳市政府根据规划对殷墟遗址周边环境进行了大规模的整治，先后拆迁各类不合理占压遗址的建筑 22 万平方米，搬迁居民、单位和商业门面 691 户，新建绿地 19.7 公顷。“殷墟进行科学发掘以后，当地老百姓做了很多工作，他们世世代代守护殷墟，对殷墟的发掘和保护作出了很多贡献。经过历史的沉淀，小屯村、侯家庄等村庄的名字已与殷墟不可分割”。在建设殷墟考古遗址公园的过程中，当地民众以各种不同形式参与和支持环境治理，例如地处殷墟保护核心地区的花园庄村民，亲手推倒了自家的房屋，不到半个月的时间，就全部搬迁完毕。当地民众主动为殷墟遗址保护捐款，仅在一个月内就捐献了 3 100 多万元。同时，对保护范围和缓冲区内的村庄、道路、环境进行了有效治理，使殷墟及其周边环境得到了根本性改善。在大遗址的保护、管理和展示等方面取得了显著成效，维护了殷墟遗址的真实性，使殷墟保护区成为具有良好环境质量、兼顾保护和展示的大型考古遗址公园。其中，处于殷墟遗址核心区域的 4.14 平方公里宫殿宗庙遗址和王陵遗址，7.2 平方公里的缓冲区，列入申报世界文化遗产区域范围。

殷墟是我国第一个作为大型土质遗址，申报世界文化遗产的项目，缺乏成功经验可以借鉴。为提高殷墟遗址的可观赏性，结合殷墟遗址的特点和文化内涵探索多种形式，对大遗址保护展示进行了积极探索，创造性地提出了“保护与展示并重、科学研究与服务公众并行”的理念，相继完成了 30 余处建筑基址、宫殿宗庙遗址、甲骨窖穴、妇好墓，以及 200 余座祭祀坑的保护展示，提高了大型土质遗址的可观赏性。几十年来，在殷墟遗址考古发掘中出土的大量珍贵文物，一直妥善保存却无缘与公众见面。2005 年，安阳市与中国社会科学院考古研究所合作，建设了集中收藏、保护、展示殷墟出土可移动文物的殷墟博物馆，双方共同管理博物馆的事务，改变了过去由地方政府与考古研究单位分别保存殷墟出土文物的体制，整合了地方和中央单位的文物资源，使大批出土文物回归原生环境，得到更为妥善的保护，有效解决了考古成果社会化、普及化的问题。这种互利双赢的保护模式取得了良好的社会效益，受到社会各界好评，被称为“安阳模式”。2005 年 9 月，建成面积为 4.14 平方公里的殷墟遗址公园和建筑面积 3 500 平方米的殷墟博物馆正式开放。2006 年 7 月，殷墟成功列入《世界遗产名录》，申报成功标志着殷墟遗址保护进入了新的阶段。

高句丽遗址、殷墟遗址保护实践及其成效，鼓舞了实施大遗址整体保护的信心，取得了可贵的经验。从 2005 年起，国家开始设立大遗址保护专项资金，当年中央财政安排专项经费 2.5 亿元，并不断加大投入力度。2005 年 8 月，国家财政部门和国家文物部门联合发布《大遗址保护专项经费管理办法》，明确大遗址保护专项资金，优先考虑那些价值重大、遗址本体保护需求急迫、有较好考古勘查研究工作基础、已编制规划或规划纲要、宣传展示可行性强、地方政府重视并有一定经费配套的项目。2006 年 12 月，国家财政部门和国家文物部门联合发布《“十一五”国家重要大遗址保护规划纲要》，其中遗址公园建设被明确提出，并决定设立大遗址保护国家项目库，首批 100 处大遗址被列为国家重要大遗址保护专项。大遗址保护专项资金的设立、大遗址保护规划体系的确立、大遗址保护国家项目库的建立，在一定程度上使大遗址保护的被动局面得以扭转。在此基础上，大遗址保护和大型考古遗址公园建设均需要通过扩大试点，积累更多的实践经验，这项工作得到了各地区、各部门的广泛响应。其中成都金沙遗址、无锡鸿山遗址，以及西安大明宫遗址、洛阳隋唐洛阳城遗址保护规划的实施，为在全国大规模抢救保护大遗址、建设大型考古遗址公园，进一步提供了成功范例。

金沙遗址位于四川成都青羊大道西侧。2001 年 2 月，考古人员在金沙村发掘出土了大量玉器、金器、青铜器以及象牙等珍贵文物，这一发现立即在国内外引起轰动，对金沙遗址的保护也成为社会关注的焦点。与许多分布在城市郊区或农村地区的大遗址不同，金沙遗址位于成都市区二环路与三环路之间的城市人口聚居区，建设活动十分频繁，若不及时采取措施，必将严重影响大遗址保护和该区域的经济社会生活。文物考古部门立即设立金沙遗址考古工作站，全面负责金沙遗址片区考古工作，并不断获得新的考古收获。2003 年 1 月，成都市政府正式决定建设金沙遗址博物馆保护设施和展示设施。2004 年 9 月，《金沙遗址保护总体规划》经四川省文物部门批准实施，对金沙遗址片区原有建设规划进行全面调整，停止相关房地产开发项目，对 456 亩原属于多家企业产权的土地进行置换和回购，妥善安置居民 620 人，确保了金沙遗址保护范围和金沙遗址博物馆建设用地需要，将金沙遗址摸底河以南保存较好的祭祀遗迹区，整体划入金沙遗址保护范围，保护范围内只允许修建与发掘、保护相关的设施，而文物陈列馆、文物保护中心等设施则规划在摸底河以北的一般保护区。

2005 年 3 月，金沙遗址保护工程及博物馆建设正式启动，并对长达 10 余公里的摸底河进行全面疏浚、截污、绿化，改善和优化了金沙遗址的文化景观环境。2006 年 4 月，占地 30 公顷的金沙遗址公园和建筑面积 4 万平方米的金沙遗址博物馆建成并对外开放。其中金沙遗址博物馆遗迹馆，采用建筑最大跨度 120 米的钢结构建筑设计，将金沙遗址已探明的祭祀遗迹分布集中区全部覆盖，有效地改善了祭祀遗迹的保存环境，为进一步开展考古发掘工作创造了条

成都市金沙遗址

件。金沙遗址博物馆文物陈列馆，建筑充分利用地下空间，公共活动面积适宜，建筑与遗址环境协调，确保博物馆参观的整体效果，为陈列布展提供了良好空间。金沙遗址从发现之日起，即以独特的方式为宣传成都城市文化形象发挥着作用，海内外多种媒体对金沙遗址的报道上千次。2005年8月16日，金沙遗址出土的“太阳神鸟”金箔图案被国家文物部门确定为中国文化遗产标志；2006年、2007年连续两年的“中国文化遗产日”，中央电视台对金沙遗址发掘现场进行现场直播；2005年以来，以金沙遗址发现为主线创作的《金沙》音乐剧演出近千场次。金沙遗址文化形象的不断提升，不但为金沙遗址保护营造了良好气氛，而且提升了大遗址保护的社会价值，为成都城市美誉度的提高发挥了重要作用。

2003年，无锡新区鸿山镇在国际家具城的基础设施建设过程中，发现了零星文物,联合考古队在对施工现场进行抢救性考古发掘时,获得了意想不到的巨大收获,出土了大批系统、成套的越国礼器、兵器、乐器,证明鸿山遗址是越国贵族墓葬群。鸿山遗址的发现为研究当时的社会结构、科技水平和文化艺术等提供了翔实的实物资料,首次完整展现了春秋时期越国上层社会生活。2004 年,这一考古发掘成果被评为全国十大考古新发现。鸿山遗址的发掘,也使原本名不见经传的鸿山小镇越来越引人注目。面对众多珍贵的出土文物,面对周边还有相当数量的同类墓葬,如果对大遗址进行原址保护,有利于保留完整的文化信息。然而需要按合同赔偿投资商 5 000 多万元。同时,鸿山遗址位于寸土寸金的开发区建设用地,作为遗址保护必将减少经济收益。无锡市政府权衡利弊,作出决策,在国家高新技术开发区内实施大遗址整体保护,把鸿山遗址建设成为大型考古遗址公园。2006 年 3 月,《鸿山遗址保护规划》经国家文物行政部门批准后,鸿山遗址保护工程正式启动,妥善安置居民 125 户和企业单位 8 家,拆迁面积 3.5 万平方米。鸿山遗址拥有丰富的文化内涵和广阔的分布面积,通过合理规划布局,使考古遗址公园内遗址、建筑与环境共同组成一个和谐整体。

2008 年 2 月,严格按照大遗址保护规划,体现国际先进保护理念,促进当地社会经济发展的大遗址保护项目初步实现,鸿山遗址公园和位于遗址公园内的遗址博物馆初步建成。鸿山遗址公园的建设经验在于,一是寻求大遗址保护与当地社会经济发展相结合,将鸿山遗址公园作为城市最具吸引力的文化工程,使大遗址保护和生态保护、生物多样性保护、环境规划、土地利用规划、旅游发展等协调一致,充分发挥大遗址的综合效益,使鸿山遗址成为不可多得的城市文化景观,成为新的经济增长点。二是寻求大遗址保护与当地民众改善

无锡鸿山遗址博物馆

生活状况相结合，使遗址保护成为当地农民的致富工程。在鸿山遗址公园的建设中，对不同区域的农户和居民采取不同的安置措施：在核心保护区，对中青年人安排就业，其住宅向城镇集中，并提供优于城区的住房条件，享有同城市居民相同的基本保障；对一般文物保护区实行疏散人口的政策，以减轻对大遗址本体保护的压力；对留下来的农户实施再就业，引导他们积极参与到鸿山遗址公园周边的建设中，发展文化休闲、水上旅游及农家乐；对风貌协调区的居民，原则上不搬迁，对村容村貌进行整治，并进行农业结构调整，向高效农业发展，使留下来的民众收入能得到不断增加，生活水平得到不断改善。

实施大遗址保护和大型考古遗址公园的建设，促进了保护工作由局部向整体再向区域性保护范围的转变、由单一向全面再向综合性保护理念的转变，使大遗址保护工作从考古调查、勘探发掘等基础工作，到保护大纲、保护规划的编制，再到保护规划的实施，形成一套较为完整的规范的程序，这是保护意识与规划意识进一步深化的体现。面对众多亟须实施保护和环境整治的大遗址，国家文物部门确定了加强大遗址保护，推动大型考古遗址公园建设的一系列原则，即坚持统筹规划、分步安排、量力而行、突出重点；坚持高标准规划、高水平起步、高效益实施；坚持从实际出发、讲求实效、不断丰富实践经验；坚持合理配置技术力量、依靠科技进步、促进学科融合；坚持统筹各种资源、加快保护进程、发挥综合效益。在专项资金投入的方式上，优先保护好列为世界文化遗产和全国重点文物保护单位的大遗址；优先保护好面临严重威胁和破坏，濒临灭失的大遗址；优先保护好能够实现文物保护、环境改善和民众生活水平提高等综合效益的大遗址。明确大遗址专项资金的使用为补助性质，突出重点，不撒“芝麻盐”，向具备实施保护和整治条件、当地政府和文物部门有开展保护和整治决心的项目倾斜，充分调动地方政府的积极性，争取更多的地方配套资金，扩大国家保护专项资金的效果，以解决更多的大遗址的整体保护问题。

三、考古遗址公园实践的扩大

2005 年 5 月，西安市为配合大明宫御道、丹凤门遗址的保护展示，从加强大遗址保护，改善城市生态环境出发，采取长效性的根本措施，对含元殿遗址前御道区域，不合理占压遗址的建筑进行一次性整治，完善了遗址保护展示设施和保存环境，实现了含元殿遗址正式对外开放。2008 年 8 月，《大明宫遗址公园总体规划》通过专家论证。总体规划涉及考古规划、遗址保护与展示、景观及绿化、道路交通组织、主要服务设施、遗址管理等方面，体现了新时期文化遗产保护与推进城市现代化生活、调整周边产业结构的新思路，使文化遗产真正成为现代城市的资源,同时也成为民众生活的乐园。2008年9月，《大明宫遗址考古工作计划》也通过了专家论证。随即大明宫遗址区保护工程正式启动，对素以脏乱差著称的大明宫遗址及周边道北地区进行全面整治。规划整治面积为19.16平方公里，其中大明宫考古遗址公园面积为3.2平方公里，拆迁建筑面积达350万平方米，涉及10万人口，投入资金80亿元。目前，大明宫遗址区拆迁任务已经完成，遗址环境得到全面改善。大明宫考古遗址公园将于2010年建成对外开放，届时，考古遗址公园周边区域也将通过环境整治，建设成为功能完备、环境优美、文化特色鲜明的文化城市示范新区。

隋唐洛阳城遗址包括洛河以南的里坊区、洛河以北的宫城皇城区、里坊区。外郭城内有里坊103个，市3个，人口曾达到100多万，是当时世界上最繁华的都市之一。隋唐洛阳城遗址的考古调查与发掘工作，自1954年开始，至今仍在进行中，已发掘69处重要遗址，包括定鼎门、应天门、明堂、含嘉仓、九州岛池、上阳宫、白居易故居等。2007年3月，国家文物局和河南省政府在洛阳召开大遗址保护现场会，决定推动隋唐洛阳城里坊区和宫城核心区两大考古遗址公园建设，并为隋唐洛阳城定鼎门遗址保护工程进行开工奠基。2007年9月，隋唐洛阳城宫城核心区保护整治工作正式启动，分布有明堂、天堂、贞观殿等重要文物遗迹的145亩土地划归文物部门管理使用，拆迁工作全面展开。目前已拆除各类不合理占压遗址的建筑物4.7万平方米，涉及17家企事业单位、595户居民。为保证隋唐洛阳城遗址的完整性，决定对唐宫路改线北移，以利于总面积

5 000 亩的考古遗址公园的全面实现。同时，洛阳市政府决定，对占压隋唐洛阳城宫城核心区的大型工业企业洛玻集团，实施整体搬迁，对其所占压的九州池遗址等重要遗迹进行保护展示，使明堂、天堂、应天门区域同九州池区域连成一片。这一计划的实现，需要有关方面付出极大的努力，作出富有文化战略眼光的贡献。

隋唐洛阳城遗址

为了加强大型考古遗址公园的理论研究，近年来，国家文物行政部门召开了一系列专题会议。特别是 2008 年 4 月在无锡召开的大遗址保护现场会和 2008 年 10 月在西安召开的大遗址保护高峰论坛，在一定程度上达到了统一思想的目的。实践表明，在大多数情况下，通过建立大型考古遗址公园，进行大遗址保护与展示的总体设计，都能够取得良好的效果，不仅有利于节省保护和整治所需的大量资金，也有利于避免因不适当的城市建设而导致对大遗址原有价值的破坏。同时，人们也注意到，大型考古遗址公园的建设，是一项科学性极强的工作，应突出展示大遗址所蕴含的历史、科学、艺术价值和人类与自然环境的融合关系。由于各处大遗址情况千差万别，因此在考古遗址公园的建设中，应明确不同考古遗址的保护展示主题，在设计意图、环境衬托、细部处理上，强调因地制宜，形成自身的特色。同时，在一些大遗址保护中局部采取适宜方式的保护性复原展示，也已经越来越得到认可，因为它既有利于保护文物本体，又有利于保持遗址的真实性，还能为人们提供立体形象的感性概念，是一种值得探讨的展示方式。通过一系列的实践，大遗址所拥有的资源优势逐渐显现，使大型考古遗址公园在城市文化建设上可以大有作为。

良渚遗址作为实证中华五千年文明史最具规模的考古遗址，应成为具有纪念、研究、教育、观光功能的文化圣地。但是，由于良渚遗址面积庞大、遗存分布点多、区内人口密集，使保护工作面临比其他地区同类遗址更多的压力。2008 年 2 月，良渚遗址管委会进行体制机制调整，将原有的开发职能划转乡镇政府，管委会专门负责良渚遗址保护工作，职能定位更加清晰，更加明确。这种“文化遗产特区”的模式，开大遗址保护之先河，为全国大遗址保护提供了值得借鉴的范例。《良渚遗址保护总体规划》，经过几年的磨合，各方也逐渐达成共识，确定保护范围为 42.02 平方公里，建设控制地带 23.9 平方公里，为加强良渚遗址保护提供了科学、可行的管理依据。为了实现文化遗产资源向效益成果转化，杭州市余杭区和良渚遗址管委会决定启动良渚考古遗址公园建设，确定了以良渚古城遗址、塘山遗存、瑶山祭坛为重点，建设总面积达 25 平方公里的大型考古遗址公园。按照良渚遗址保护总体规划要求和良渚国家遗址公园建设思路，通过土地经营权流转的形式，充分利用良渚遗址区内的自然地形和水域密布的优势，整合土地资源，在适宜建设地段发展生态观光农业，努力在保护遗址、改善生态的同时，创造条件解决当地民众就业、增收和农村经济发展问题。

余杭良渚遗址

近年来，朝阳市政府认识到要实现牛河梁遗址和周边地区的可持续保护和可持续发展，必须以战略目光来审视文化遗产保护，以战略思维来考虑城市和民众的长远利益。在推进牛河梁遗址保护过程中，探索实现大遗址保护展示与环境保护、生态保护、农民生产生活改善和地方社会经济发展的有机结合，通过建设牛河梁考古遗址公园,形成文化遗产保护成果最终惠及当地民众的良性循环之路。为此，本着高标准、高起点的原则，组织编制了《牛河梁遗址保护和遗址公园建设规划（纲要）》，规划范围包括牛河梁遗址保护范围、建设控制地带及周边地区，共 99 平方公里，对遗址文物本体保护展示、基础设施、环境治理、社会经济发展，以及特色生态农业、文化旅游、综合服务等功能区进行综合规划。同时，为确保良性保护循环模式实现，规划在大遗址保护进展过程中，适时改变过去的管理体制，组建具备一定行政职能的牛河梁遗址管理特区。新修建的四平至北京的高速公路牛河梁段设计方案也七易其稿，最终从遗址保护范围边缘绕过。对保护范围内历史遗留的5家大型企业，全部进行搬迁或关闭，对废弃矿山进行回填和植被恢复。在积极保护的同时，借助媒体广泛宣传牛河梁遗址的重要价值，不断提高社会公众自觉保护大遗址的意识，加快启动牛河梁考古遗址公园建设项目的实施。

杭州是一座重叠型城市，现代城市与古代城址基本重叠，各个时期的文化遗存依次叠压，特别是繁华一时的南宋临安城，遗址地处人口密集的杭州旧城区，已经全部为现代城市的单位、民居所覆盖。20年来，杭州市文物工作者积极开展城市基本建设中的遗址保护和考古发掘，先后发现了包括皇城、德寿宫、太庙、官署、御街、皇后宅第、官窑等大量与南宋临安城有关的重要遗址，使深埋地下的临安城遗址的轮廓逐渐清晰，也为临安城城市布局以及南宋官式建筑的研究，提供了重要的实物资料。2004年，为配合临安城皇城遗址保护规划的编制，重新启动了南宋皇城遗址的考古勘探工作，初步探明南宋皇城的四至范围及主要宫殿的位置所在。对于新发现的重要古代遗址，在深入研究的基础上，根据这些遗址的不同性质、规模，采取了不同的展示方式。例如对于文物本体较大的遗址展示，建立相应的遗址博物馆；而对于文物本体较小的遗址，采取局部展示，适当复原的方式，以达到更好的展示功能和效果。近年来，杭州市为此进行了一些有益的尝试和探索，例如南宋官窑两座窑址的保护和展示、太庙遗址广场的建成、严官巷南宋遗址陈列馆的开放等，均取得了良好的效果，也成为下一步建设临安城考古遗址公园的重要基础。

从高句丽遗址、殷墟遗址、金沙遗址和鸿山遗址等大型考古遗址公园建设的试点，到大明宫遗址、隋唐洛阳城遗址等大型考古遗址公园建设实践的扩大，再到实现良渚遗址、牛河梁遗址和临安城遗址等大型考古遗址公园规划建设的起步，这一研究、探索与实践的历程，使通过建立考古遗址公园，整体保护大遗址的方式逐渐得到人们的关注和认可。对于带动全国大遗址的全面保护，起到重要示范作用。在大遗址保护资金投入上也出现了可喜的趋势，截至2008年年底，国家财政共安排大遗址保护专项经费14.5亿元，并带动地方各级政府和社会各界经费投入达到305亿元①。当前，伴随大规模城乡建设和大量农业人口涌入城镇，大遗址及其背景环境的保护必将面临更加尖锐的挑战，保护工作也必将进一步呈现综合性、复杂性的特点。面对这一形势，必须重新思考和定位大遗址的保护模式和管理方式。考古遗址公园建设是大遗址保护进展到一定阶段，具备一定基础后，融合创新的产物，也是当前解决我国城市核心区和城乡结合部大遗址保护问题的最具现实意义和操作性的一种途径。

① 其中高句丽遗址保护，国家财政投入约3亿元，地方投入3 800余万元；殷墟遗址，国家财政投入3 000万元，地方投入2.2亿元；金沙遗址，国家财政投入2 300万元，地方投入4.6亿元；无锡鸿山遗址，国家财政投入100万元，地方投入5.5亿元；大明宫遗址，国家财政投入7 100余万元，地方投入80亿元；隋唐洛阳城遗址，国家财政投入8 920万元，地方投入2.4亿元；等等。

关于城市文化遗产保护的思考①

（2010年9月20日）

城市是人类在历史文明发展进程中在改造自然的基础上创造的聚居地。那些经过历朝历代积淀而且幸存下来的文化遗存，不仅是城市所在地区、民族乃至国家优秀历史文化的结晶，也是城市当前文化的重要组成部分。因此，保护历史的连续性，保留城市的记忆，保留可贵的历史文化遗产对一座城市的发展具有重要的战略意义。

城市文化遗产是城市历史的见证。保护城市文化遗产就是保护该城市的记忆。城市的发展演变过程犹如人的成长过程，有其诞生、发展、消亡的历史过程，而文化遗产记录了城市发展的历史过程，这些文化遗产既包括体现不同时期特有风貌的地上不可移动的文物建筑，也包括遗留于地下反映不同时代人们生活足迹的遗迹和遗物。这些无所不在的历史建筑和文物遗存往往以其独特性、不可复制性和不可再生性，成为一个城市独一无二的发展见证，甚至成为一个城市及城市所在地区的重要象征和代名词。

一、保护城市文化遗产的重要性

（一）保护历史文化遗产是建设现代特色城市的基础

城市特色是指一座城市的内涵和外在表现明显区别于其他城市

① 此文发表于《人民论坛》2010年9月（下），第8页，2010年9月20日出版。

的个性特征。城市特色是一个城市的生命，是此城市区别于其他城市的重要之处。一座现代化的城市，除了要有时代气息外，更要有历史文化传统以构成这一城市的特色与记忆。比如提起苏州，就会使人想起那里众多的古典园林建筑；提起杭州，就会使人想起西湖、六和塔；提起北京，就会想起故宫；提起海口，就会想起骑楼古街。对于一座城市来讲，文化遗产就是自己的品牌和个性，就是财富，就是创造与建设现代特色城市的基础。任何割断历史，轻视本民族、本地区的历史文化遗产的行为，都是文化虚无主义的表现。我们对前辈留给本城市、本地区的宝贵历史文化遗产，不仅要精心保护，而且要认真学习、研究，取其精华，去其糟粕，并结合本城实际，推陈出新，创建城市特色。保护历史文化遗产，对于建设特色城市有着更加迫切的现实意义。

虎丘

（二）城市文化遗产是城市发展的重要资源

文化被誉为“经济发展的原动力”，这一点已经成为许多大城市促进地方经济、社会均衡和谐发展的重要力量。作为城市发展独特见证的文化遗产资源，更是具有多方面的资源效应，在城市形象宣传、历史文化教育、乡土情结的维系、文化身份的认同、生态环境建设、和谐人居环境的营造等多方面具有综合的价值。根据《中国文化遗产事业发展报告蓝皮书（2008）》的统计结果，“十五”期间全国文物系统财政拨款仅占同期 GDP 的 0.018%，而同期全国文物系统对国民经济的贡献占 GDP 的 0.143%，文物系统对国民经济的贡献是同期财政投入的 8.1 倍，即文物系统财政投入 1 元，给国民经济所带来的产出为 8.1 元。这颠覆了一个传统认识：文物部门由国家供养，替国家和民众守着祖宗留下的财富。实际上，文化遗产事业绝不是财政的包袱，而是社会、经济效益兼备的事业，利在当代，益及后代。在许多文化遗产资源丰富的城市，由文化遗产带动的相关产业已经成为当地经济发展的重要支柱。

二、我国城市文化遗产保护对象和保护内容

根据我国现行的法律政策，可以把历史文化遗产的保护分为三个层次，即单体文物保护单位、历史文化街区和历史文化名城。这种分层次的保护方法是历史文化遗产保护工作多年来的经验总结，是解决遗产保护与城市发展的矛盾的有效途径。历史文化遗产的保护，要根据不同特点采取不同方式。对于文物保护单位要遵循不改变文物原状的原则，保存历史的原貌和真迹；对于代表城市传统风貌的典型地段，要保存历史的真实性和完整性；对于历史文化名城，不仅要保护城市的文物古迹和历史地段，还要保护和延续古城的格

局和历史风貌。

（一）第一层次，城市单体文物保护单位

单体文物主要包括古建筑、古墓葬、古遗址、石刻、名人故居和近现代有纪念意义的建筑物等。这些建筑物大部分已经被公布为各级别文物保护单位。需要特别指出的是，一些历史建筑物虽然暂时未纳入相应级别文物保护单位体系，但一样具有保护价值。比如，2008 年国务院颁布的《历史文化名城名镇名村保护条例》规定“历史建筑，是指经城市、县人民政府确定公布的具有一定保护价值，能够反映历史风貌和地方特色，未公布为文物保护单位，也未登记为不可移动文物的建筑物、构筑物”。保护文物古迹，要特别注意保护它的历史环境。只有保存了历史的环境，才能更好地体现它的历史、科学和艺术价值。

福州三坊七巷历史文化街区

（二）第二层次，具有传统风貌的历史文化街区

历史文化街区，是指经省、自治区、直辖市政府核定公布的保存文物特别丰富、历史建筑集中成片、能够较完善和真实地体现传统格局和历史风貌，并具有一定规模的区域。有些建筑物单独看，可能不够确定为文物保护单位，但是建筑群加在一起，其价值就得到升华，就能反映某一历史时期城市的传统风貌特色。历史文化街区的条件：一是要有真实的遗存物，不是仿古假造的，要尽量多保存原真的东西；二是要有完整的历史风貌，能够反映城市历史上的典型特色；三是要有一定的规模，视野所及风貌基本一致，能够营造一种环境，使人从中感受到历史的气氛。

（三）第三层次，历史文化名城

《中华人民共和国文物保护法》规定，对“保存文物特别丰富并且具有重大历史价值或者革命纪念意义的城市，由国务院核定公布为国家历史文化名城”。目前，我国共公布了三批共 110 座历史文化名城，历史文化名城保护内容可以概括为三方面：一是保护文物古迹和历史地段；二是保护和延续古城的格局和风貌特色；三是继承和发扬优秀历史文化传统。历史文化名城保护既要使城市的文化遗产得以保护，又要促进城市经济社会的发展，不断改善居民的工作生活环境。保护历史文化名城还要积极利用丰富的历史文化资源，充分发挥它在城市经济、社会、文化等多方面的促进作用。在保护历史文化名城过程中，从城市整体角度采取综合性保护措施是历史文化名城保护的特点和要旨。只有从全局角度寻求正确处理保护与发展关系的途径，才可以既满足城市发展建设的要求，又为保护文物古迹、历史街区创造条件。在历史文化名城的古城之中，可能有许多分布文物保护单位和历史文化街区的区域，在这里进行城

市建设，要延续风貌特色；在历史文化名城的非历史传统地区，即城市新区，新的建设也要创造自己的城市特色，避免“千城一面”。对有深厚历史文化传统的历史文化名城来说，应该尊重历史传统，延续历史传统，构造与历史相联系的美好城市特色。

绍兴鲁迅故居历史街区

三、当前城市文化建设中出现的问题

改革开放以来，我国用 30 年的时间就完成了西方经历了二三百年时间才完成的现代城市格局，在实现经济快速发展、民众生活水平明显改善的同时，也带来了住房、交通、环境、社会问题等城市发展难题。特别是城市化进程中大规模的“旧城改造”运动，大幅度地改变了众多历史性城市的原有面貌，在一定程度上导致城市发展功能趋同，城市文化特色出现危机。虽然近年来通过各级政府和社会各界的不断努力，我们在文化遗产保护方面取得了一定成绩，但仍然存在一些问题，主要表现在以下几点。第一，城市规划编制思路亟须改进。在城市化迅猛发展的浪潮中，很多城市的总体规划往往沿用单一中心的规划布局和传统的城市扩张模式，使城市中心区功能过分聚集，城市的扩展出现“摊大饼”趋势。穿城式交通道路的建设破坏了旧城空间形态及街巷肌理。第二，城市特色危机严重，“千城一面”的问题突出。不少城市规划设计手法抄袭趋同，追求大体量的建筑物、大规模的建筑群，导致城市面貌千篇一律，一些独具特色的历史性城市和历史文化街区被单调的新建筑群所淹没。一些建筑设计过分强调追求形式上的独特和怪异，与原有的整体环境极不协调，民族传统、地方特色逐渐失落。第三，“旧城改造”引发“建设性破坏”。一些城市为了追求经济效益最大化，对旧城区古建筑大拆大建，使文化遗产及其环境遭到破坏。一些城市的发展仅仅注重经济功能而忽略其中应有的文化质量，仅仅注重物质结构而忽视文化生态和人文精神，将旧城中的居民全部迁出，把民居改为旅游和娱乐场所，使历史文化街区失去了传统的生活方式和习俗，也失去了文化遗产原真性。

四、关于城市文化遗产保护的思考

城市文化遗产保护的成败关键在于决策。作为城市发展和规划建设的决策者，各地方政府领导要本着对历史、对城市、对民众负责的态度，组织开展对所在城市的历史和现状的调查和分析，明确城市未来发展的定位，合理设计城市传统历史区域和新兴现代区域，制定符合科学发展的城市发展规划和文化遗产保护规划，在文化遗产得到有效保护的前提下，通过合理利用，使文化遗产为城市发展服务，为广大民众服务。具体而言，应注意以下几个方面。

第一，探索地区整体协调发展战略布局，明确城市功能定位。在当今，城市的竞争力不仅仅体现在经济上，更体现在文化上。城市的竞争将主要是文化的竞争。文化是城市品牌的核心，没有文化作为核心，城市的经济、社会生活等方面的发展将不能持久，城市品牌也不能长期发展。城市文化遗产作为城市文化的重要组成部分有着举足轻重的地位。要通过实施区域规划，确保城市在功能定位方面作出战略性调整与部署，那些有深厚地域文化和丰富文化遗存的城市应及时由经济中心、工业中心向文化中心转变，注重保持和发扬城市特色。要通过深入研究城市的历史、文化、人文、自然和地理资源，准确提炼该城市应当突出的文化精华和其他城市不能替代的文化特征。将城市文化内涵注入城市品牌之中，形成城市文化上的品牌差异。要高度重视城市化的发展带来的文化趋同问题，重视城市文化的历史渊源和区域文化的差异,重视文化多样性的保护。

第二，采取积极有效的措施保护城市文化遗产，将文化遗产保护纳入城市规划。历史文化名城要在整体保护旧城的同时积极发展新区，要对旧城内的传统建筑加强日常修缮，对基础设施和生活条件加以改善，要动员社会资金，以资助方式进行小规模整治与改造；在重要文化遗产周围设立保护范围及缓冲区，严格控制建筑高度，并制定规划以保护原有城市空间形态，维护城市景观的完整性；旧城改造与道路建设中要尊重城市原有路网格局，保存好代表某一时期、有历史价值的传统街巷肌理，避免形成超大规模的街坊；在规划上要防止城市快速路穿越，避免破坏原有的路网格局；严格控制旧城内机动车数量的增长，大力发展公共交通，以形成对旧城未来交通格局的有力支撑；加强城市考古研究工作，对城市规划建设提供有效参考。

第三，在扩大文化遗产保护领域的同时，重视保护与利用的结合，使文化遗产保护成果惠及民众。民众是推进文化遗产保护工作的源头和动力，文化遗产保护与广大民众的根本利益息息相关，是全社会的共同责任，是全体民众的共同事业。我们必须尊重社会公众对文化遗产的知情权、参与权、监督权和受益权，使文化遗产融入民众生活、融入社会发展，真正推动事业不断前进。在实施重大文物保护和考古发掘中要重视保护与利用的结合，深入挖掘文化遗产潜在的文化内涵、社会价值和对城市发展的积极意义，使文化遗产融入人类现代生活，发挥更大作用。

第四，提升文化遗产保护事业的社会公共形象，实施文化遗产保护的全民动员。文化遗产保护作为公益事业，应更加注意自身的公共形象，使其成果惠及广大民众。在现代信息社会，文化遗产地不应将自己封闭起来，孤立于社会之外，而要让其历史气息、文化氛围为人们带来愉悦、熏陶和启迪。充分利用文化遗产日、博物馆免费开放日等平台，加大宣传力度，拓展社会参与文物保护的渠道，充分发挥民众和社会组织的积极作用，形成全社会关心、爱护并参与文化遗产保护的氛围，完善文化遗产的社会监督机制。

第五，建立健全法治体系，做好其他法律与《文物保护法》的衔接与实施。20 世纪 80 年代以来，虽然我国的文化遗产保护立法建设取得较大进展，但由于文化遗产保护涉及自然山水、人文历史、城市建设、村镇发展、环境保护等多方面，在涉及几个部门管理交叉的保护对象时，往往造成遗产保护的权限不清、利益冲突、管理混乱等局面，阻碍遗产保护和管理工作的开展，这需要规划、园林、城建、文物等多个部门在工作过程中加强沟通、协调解决。

五年是一个历史单元，更是一个新的起点[①]

（2010 年 12 月 21 日）

一、关于国务院《国务院关于加强文化遗产保护的通知》和“十一五”规划的落实情况

2005 年，《国务院关于加强文化遗产保护的通知》对新时期我国文化遗产事业发展进行全面部署，提出“到 2010 年，初步建立比较完备的文化遗产保护制度，文化遗产保护状况得到明显改善”的阶段性目标。五年来，全国文物系统以强烈的使命感、责任感，积极投身文化遗产保护实践，为传承中华文明，推动经济社会发展作出了卓越贡献。

这五年，是文化遗产事业取得重大进展的五年。全国文物系统深入贯彻落实科学发展观，牢牢把握新时期文化遗产工作面临的新机遇新特点，顺应时代发展，体现人民意愿，立足自身实际，承担社会责任，在融入经济社会发展、推动保护成果惠及民众等方面，取得了令人鼓舞的重大成就。我们全面贯彻国务院《通知》精神，制定《国家文物事业发展“十一五”规划》，研究部署、细化落实《通知》提出的目标和任务，基本实现了《通知》确立的阶段性目标和“十一五”期间的各项任务。

① 此文为在 2010 年全国文物局长会议上的工作报告。

全国文物局长座谈会

五年来，我们坚持把基础工作摆在突出的战略位置，文化遗产事业的持续发展能力不断增强。

（1）落实依法治国基本方略，文化遗产法规制度日趋完备。国务院颁布《长城保护条例》《历史文化名城名镇名村保护条例》，文化部、国家文物局出台30余个部门规章和规范性文件；基本形成以《中华人民共和国文物保护法》为核心，以行政法规为支撑，以部门规章、地方性法规、地方政府规章、各种规范性文件和行业标准规范为基础的文物保护法律法规体系。提高立法质量，推进依法行政。文物保护单位、世界文化遗产、历史文化名城名镇名村、博物馆管理制度进一步完善；考古、文物保护工程、文物拍卖、文物进出境责任鉴定等从业资质资格制度进一步规范。文物保护工作正日益步入法治化、科学化、制度化可持续发展轨道。

（2）全面启动摸清家底工作，文物资源调查积极推进。第三次全国文物普查全面铺开，已经完成实地文物调查阶段整体验收。国务院先后召开3次会议，研究部署普查工作；各成员单位积极参与，全国文物部门全力推进，普查工作取得阶段性成果。截至2010年12月中旬，中央和地方各级财政累计投入文物普查经费12.03亿元，全国2 800多个县域基本单元全部完成实地文物调查工作，调查登记不可移动文物80余万处。全国长城资源调查田野工作全部完成，初步建成长城资源信息系统。大运河文化遗产资源调查工作圆满完成，登记大运河文化遗产点段1 000余处。沿海文物调查进展顺利，已发现200余处水下文物点、70处沉船遗址。文物调查及数据库管理系统建设项目，全国文物系统馆藏一级文物登录和二、三级文物备案圆满完成。

（3）实施科技支撑战略，文化遗产保护科技实现跨越式发展。实施6项国家科技支撑计划项目，“中华文明探源工程（二）”业经科技部结项验收，举办“早期中国——中华文明探源工程成果展”，“文化遗产保护关键技术研究”等项目顺利结项，取得了一批具有自主知识产权的研究成果。“指南针计划”专项进展顺利。举办“奇迹天工——中国古代发明创造文物展”。建立17家国家文物局重点科研基地。颁布实施6项国家标准和33项行业标准。以体制机制创新为先导，构建跨行业、跨学科、高效和务实的创新体系。与中科院探索建立文化遗产保护技术创新平台，与中国科协开展文物保护科研和普及战略合作，成立陶质彩绘文物保护技术创新联盟，文化遗产保护科技创新体系和标准化体系初步建立。

（4）落实人才强国战略，人才培养和队伍建设势头良好。牢固树立人才资源是第一资源的观念，加大培训力度。五年来全国共开展各级各类培训400余次，参训人员约2.5万人次。完成新疆、安徽、江西、吉林、辽宁等27个省份地市文物博物馆管理干部培训和全国重点文物保护单位保护管理机构负责人培训。第三次全国文物普查培训、世界文化遗产保护与管理培训等及时开展，促进相关业务工作的开展。各类专业技术培训稳步开展，逐渐形成规模。涉外培训取得重要成果。大教育、大培训观念进一步强化，多渠道联合办学和培训模式逐步形成。

西部地区文博干部培训班结业典礼

（5）确立文物安全"生命线"地位，文物安全督察工作有序开展。国务院批准国家文物局设立督察司，建立了由文化部、公安部等10部门参加的"全国文物安全工作部际联席会议"。国家文物局建立并实施文物安全与执法督察公示公告制度。连续五年开展行政执法专项督察。开展全国文物系统安全大检查。与公安部、住房和城乡建设部等联合督办湖南长沙"12·29"特大团伙盗墓案及天津、南京城市改造破坏文物事件，直接督察山西大同云冈石窟、福建福州乌塔、内蒙古库伦三大寺违法建设等数十起重大文物违法、犯罪案件。与公安部门联合开展“全国重点地区打击文物犯罪专项行动”，侦破文物案件541起，打掉犯罪团伙71个，抓获犯罪嫌疑人787人，追缴文物2366件。举办全国重点地区打击文物犯罪专项行动成果展。推进执法机构和队伍建设，全面开展文物行政执法培训，提高执法能力。

五年来，我们扎实开展重大文化遗产抢救保护和考古工程，有效保护文化遗产、传承中华文明。

（6）重大文化遗产保护工程进展顺利。国务院核定公布第六批全国重点文物保护单位1 081处，全国重点文物保护单位达2 352处。开展第七批全国重点文物保护单位的遴选和评审工作。国务院公布历史文化名城9座，建设部和国家文物局公布历史文化名镇名村328处，文化部和国家文物局公布历史文化名街20处。西藏布达拉宫、罗布

湘鄂赣革命文物保存现状调查工作座谈会

林卡、萨迦寺三大重点文物保护主体修缮工程竣工，并启动西藏“十一五”重点文物保护工程。开展山西南部早期建筑、涉台文物、鸡鸣驿城、承德避暑山庄和外八庙等重点文物维修保护工程。加强近现代重要史迹保护，开展湘鄂赣三省革命文物保护试点工作。

（7）灾后文化遗产抢救保护有序开展。文物保护被纳入国家《汶川地震灾后恢复重建条例》。《四川省文物抢救保护修复规划》被纳入国家《汶川地震灾后恢复重建公共服务设计建设专项规划》，其中列入文物抢救保护项目245项，中央基金安排文物抢救保护专项资金25.1亿元。积极开展藏羌民族文化遗产的保护。建设茂县羌族博物馆新馆、北川羌族民俗博物馆。世界文化遗产都江堰古建筑群灾后抢救保护工程竣工。云南姚安龙华寺古建筑群文物本体保护主体工程基本完成。开展玉树震后文化遗产保护工程。

（8）考古和大遗址保护工作扎实推进。三峡文物保护工程规划内项目已基本完成并通过验收。南水北调工程文物保护第一、二批控制性项目顺利实施。南水北调东中线初设阶段文物保护方案业经批复，已累计完成考古发掘面积100余万平方米。白鹤梁水下文物保护工程，“南海I号”“华光礁I号”等水下考古项目成功实施。国家水下文化遗产保护中心正式挂牌成立。初步建成一批大遗址保护展示示范园区。以西安片区、洛阳片区和长城、丝绸之路、大运河等“两片三线”为代表的大遗址保护格局初步确立。探索建设“国家考古遗址公园”，良渚、牛河梁、大明宫、隋唐洛阳城等考古遗址公园初步建成。公布首批12家国家考古遗址公园。

（9）世界文化遗产工作卓有成效。安阳殷墟、开平碉楼与村落、福建土楼、山西五台山、河南登封天地之中历史建筑群等先后被列入《世界遗产名录》。截至目前，我国共有世界遗产40项，其中世界文化遗产28项、世界文化与自然混合遗产4项、世界自然遗产8项。重设《中国世界文化遗产预备名单》，颁布《世界文化遗产保护管理办法》《中国世界文化遗产监测巡视管理办法》《中国世界文化遗产专家咨询管理办法》等。加大世界遗产监测巡视力度，初步建立国家、省、市三级监测巡视体系。丝绸之路跨国联合申报世界文化遗产有序推进，大运河保护和申报世界文化遗产工作全面启动。

五年来，我们不断推进博物馆建设和免费开放工作，大力提高公共文化服务能力和水平。

（10）博物馆体系日臻完善。全国博物馆总数达到3 020座，其中文物系统博物馆为2 252座。新建、扩建重点博物馆200余座。中国国家博物馆扩建工程即将竣工；首都博物馆、中国文字博物馆、中国妇女儿童博物馆、中国科技馆、山东博物馆等新建、扩建项目竣工开放；安徽省博物馆、河南省博物院等建设持续推进。博物馆门类日益丰富，办馆主体呈多元化，社会力量兴办的博物馆日渐增多，经文物部门注册登记的民办博物馆达328座。初步形成门类丰富、特色鲜明、分布广泛的博物馆发展新格局。

（11）免费开放取得重大突破。2008年初，全国博物馆免费开放全面启动。中央财政每年安排免费开放专项经费20亿元。截至2009年年底，全国免费开放博物馆纪念馆总数达到1 743座，约占文化文物部门归口管理博物馆纪念馆和全国爱国主义教育示范基地总数的77%；2008至2009年，接待观众8.2亿人次，平均观众量比免费开放前增长50%，使广大民众在博物馆的知识殿堂中实现了前所未有的文化体验。免费开放加快了博物馆融入社会的步伐，博物馆的文化辐射力和社会关注度得到空前提高，公共文化服务能力和社会效益得到进一步增强。

（12）管理水平逐步提升。博物馆评估定级工作全面启动，公布 83 座国家一级博物馆、171 座二级博物馆和 288 座三级博物馆，约占全国博物馆总数的 18%。推进博物馆体制机制创新试点，8 座博物馆被确定为首批中央地方共建博物馆，3 座博物馆被确定为培育对象。对国家一级博物馆运行状况进行了初步评估，为掌握博物馆绩效、实施动态管理积累了经验。全国文物、博物馆单位收藏文物达到 2 710.8 万件（套）；新建 100 余个文物中心库房，试点单位绵阳博物馆文物中心库房在汶川大地震中发挥了重要作用。

（13）社会效益显著增强。落实“三贴近”要求，全国博物馆积极融入社会，更新服务理念，充实服务内容，创新展示方法，基本陈列和专题展览的主题内容、科技含量和艺术感染力显著提升。启动县级博物馆展示服务水平提升工程。推动博物馆纳入国民教育体系。全国博物馆每年举办陈列展览近万个。“中国记忆”“长江文明”等迎奥运展览取得良好社会效益。全国博物馆十大陈列展览精品评选，博物馆进社区、进校园等特色活动持续开展，彰显了博物馆的文化魅力。生态博物馆、社区博物馆、数字博物馆等新型博物馆实践积极开展。

（14）社会文物管理力度加大。颁布《文物出境审核标准》《文物进出境审核管理办法》，启动实施全国文物进出境审核信息共享工程。全国文物进出境审核机构达 16 个。文物出境数量大幅下降，临时进境的回流文物数量年均增长 10%，2009 年达 2 万余件，其中大部分留在境内。文物拍卖经营资质行政审批、文物拍卖许可证年审、文物拍卖标的备案工作得到加强。国家投入珍贵文物征集经费，征集商代子龙鼎等重要文物 1 万余件。成功开展多次影响较大的文物追索行动，追回流失境外中国文物 3 000 余件。

五年来，我们坚持“走出去”“请进来”，不断提高中国文化遗产的国际影响力。

（15）政府间交流与合作不断深化。“十一五”期间，先后与12 个国家签署了关于防止盗窃、盗掘和非法进出境文化财产协定或谅解备忘录，并在信息交流、成果共享、人员培训、文物返还等方面取得实质性的合作成果。开展柬埔寨吴哥窟，蒙古国博格达汗宫保护维修和肯尼亚合作考古、研究等项目。开展面向非洲、亚洲及阿拉伯地区文物保护人员培训。完成美国梅隆基金会、盖蒂保护研究所、中意、中法、中日韩合作等培训项目。驻华使节、外交官走近中国文化遗产活动富有成效，对外合作与交流呈现多层次、多渠道、全方位的发展势头。

（16）与国际组织的合作日趋活跃。积极参与国际文化遗产保护工作交流。举办文化遗产保护与可持续发展国际会议、东亚地区文物建筑保护理念与实践国际研讨会、城市文化国际研讨会、东亚地区木结构彩画保护国际研讨会等国际会议，成功承办国际博物馆协会第 22 届大会，陆续形成《绍兴共识》《北京文件》《北京宣言》《北京备忘录》《上海宣言》等国际文件。国际古迹遗址理事会国际保护中心在西安成立。我国代表通过竞选担任国际古迹遗址理事会、国际博物馆协会、国际文化财产保护与修复研究中心等领导职务。中外文化遗产保护理念的交流与融合，增强了中国在国际文化遗产保护领域的话语权，进一步丰富了国际文化遗产保护理论。

（17）文物出入境展览和交流亮点纷呈。“十一五”期间，出入境文物展览约 400 项，平均每年达 80 项，展览的水平和质量不断提高，学术水平逐步提升。“中国元代艺术展”“大三国志展”“中国古代帝王珍宝展”“丝绸之路展”“华夏瑰宝展”“西藏文化艺术与考古展”“秦汉—罗马文明展”等对传播中华文化、促进国际人文交流发挥了重要作用。与港澳台地区文化遗产交流形式多样、亮点频出，“丝绸之路”大展、“微笑彩俑——汉景帝的地下王国展”等对台文物展览引起良好反响。中意文化年、中俄国家年等重大外事活动中，文物展览作为“外交使者”“国家名片”密切配合国家外交大局，成为中华文化的承载者、传播者。

五年来，我们不断创新体制机制，努力开创政府主导、社会参与的文化遗产保护新局面。

（18）统筹力量，构建社会各方面共襄文化遗产事业的新格局。“十一五”期间，全国文物事业经费从 2006 年的 37.6 亿元增加到 2009 年的 97.9 亿元；中央专项补助经费从 2006 年的 7.65 亿元增加到 2010 年的 47.3 亿元。建立健全文物部门主要负责、各部门齐抓共管、社会各方面共同参与的工作机制。各地将文化遗产保护纳入政府的重要议事日程，纳入经济社会发展总体规划，与经济社会各领域工作一同部署、一同推进。引导文物系统社会组织开阔视野、拓展业务，积极承担社会责任。推进文物报刊、图书和音像制品的出版发行，丰富文物工作的表现形式和传播形式。文化遗产保护志愿者队伍建设日趋活跃，逐步成为推动文化遗产事业发展的重要生力军。

（19）形成合力，探索文化遗产保护共建合作的新机制。为整合中央和地方在政策、技术和资金等方面的优势和力量，国家文物局分别与国家测绘局、国家旅游局、国家海洋局签署战略合作框架协议；与湖北、浙江、陕西、甘肃、四川等省政府签署文化遗产保护共建协议。通过部门共建、省局合作，充分发挥各地区各部门保护文化遗产的积极性和创造性。

（20）促进共赢，开创大遗址保护带动区域经济社会发展的新模式。围绕大遗址保护和利用，召开大遗址所在地政府参加的“高峰论坛”，交流大遗址保护带动区域经济社会发展的做法和经验，达到了统一思想的目的。支持西安、集安、安阳、无锡、成都等城市分别建设大明宫、高句丽、殷墟、鸿山、金沙等国家考古遗址公园，在深化改革，探索建立适应市场经济体制要求、遵循文物工作自身规律、国家保护为主并动员全社会参与的文物保护体制，促进发展、惠及民生等方面迈出了坚实的步伐。

（21）营造氛围，持续开展文化遗产宣传和普及活动。自我国文化遗产日设立以来，以《中华人民共和国文物保护法》为核心的宣传活动日趋活跃。启用中国文化遗产标志，推广中国文化遗产保护公益歌曲，成功组织杭州、苏州文化遗产日主场城市活动。国际古迹遗址日、国际博物馆日等活动精彩纷呈。设立重大新闻发布制度，召开新闻发布会、通气会等100余次。多次邀请中央媒体深入南水北调、“三普”工作一线采访报道。《中国记忆》文化遗产日电视直播、安徽黄山文化遗产日主场活动、重庆文化遗产宣传月活动等拉近了民众与文化遗产的距离。108个县区荣获“全国文物工作先进县”，502个先进集体和先进个人得到表彰，156个单位和个人获得文化遗产日活动组织奖；分别向从事文物、博物馆工作60年、30年的5 800多名同志颁发荣誉证书；一批批文物专家学者、基层文物工作者和“护宝”农民走上光荣的领奖台，先进典型的示范作用得到有效发挥，文化遗产人人保护、保护成果人人共享的氛围初步形成。

五年来，我们坚决执行《文物保护法》，认真贯彻文物工作方针，认真落实各级领导交办的每一项重要指示，以人为本，开拓创新，推动文化遗产事业全面协调可持续发展。

五年来，我们不断探索新形势下文化遗产工作的特点和规律，凝聚全国文物工作者的集体智慧，鼓励和支持各地文物部门不懈探索，积累了许多成功做法和宝贵经验。我们深深体会到以下几点。

（1）必须持续开展文化遗产资源调查工作。要继续加大文物立法、资源调查、人才培养和文物安全工作力度，发展规划优先安排基础工作，经费投入优先保障基础工作，公共资源优先满足基础工作。要在全面摸清不可移动文物家底的基础上，进一步开展国有可移动文物普查，从根本上厘清全国文化遗产家底。

（2）必须深化博物馆免费开放工作。要始终坚持博物馆的公益属性，创新博物馆文化传播的内容、形式和手段，完善博物馆免费开放机制，创新管理运行模式，强化内部激励机制，建立绩效评估制度，着力研究博物馆从业人员准入制度等政策问题，努力解决运行机制滞后、内部管理体制不顺、绩效考评和激励意识不强、展示和服务水平不高等问题。

（3）必须推进大遗址保护和国家考古遗址公园建设。要按照“本体保护好、环境整治好、社会发展好、生活改善好”的标准，进一步推进大遗址保护和国家考古遗址公园建设，使考古遗址在新时期受到当地政府和社会各界的应有重视，更加拥有尊严。要积极探索建立文化遗产保护与经济社会协调发展、和谐共融、互利多赢的长效机制。

（4）必须坚持科技创新。要进一步加强文化遗产科技的研究、应用和推广，掌握一批文化遗产保护的共性技术和关键技术，解决热点、难点和瓶颈问题。积极应用现代科学技术挖掘、传承和改良文化遗产保护的传统工艺和技术。加强现代信息网络技术在文化遗产保护、展示、传播、传承和管理中的应用。

（5）必须不断加大教育培训工作力度。要紧紧围绕文化遗产事业科学发展的需求，落实大规模培训干部、大幅度提高干部队伍素质的战略任务，以提高培训质量为主线，创新体制机制为重点，努力形成多层次、多渠道、大规模的文物博物馆教育培训工作新格局，为文化遗产事业科学发展提供智力支持和人才保证。

（6）必须时刻把文物安全放在首位。要从人员机构、政策法规、体制机制、规划措施、技术设备和宣传教育等各个方面增加行政资源，努力构建政府统一领导、职能部门各尽其责、文物部门有效监管、文物单位全面负责、人民群众积极参与的长效机制，确保文物安全。

我们还要清醒地认识到，在文物安全形势依然严峻的同时，还存在管理体制和机制创新问题，机构设置和队伍建设问题，经费投入和管理水平问题，博物馆建设和服务质量问题。对此要予以高度重视，在“十二五”时期认真加以解决。

二、关于“十二五”时期文化遗产事业的发展思路

今年初以来，按照国家文物局的统一部署，全国文物系统组织精干力量，开展“十二五”规划的编制工作。在深入调研，广泛征求各有关方面意见的基础上，形成《国家文物事业发展“十二五”规划（建议稿）》，今天将向大会作规划编制说明，并提交本次大会的会议代表讨论。

“十二五”时期，是全面建设小康社会的关键时期，是落实科学发展观、加快转变经济发展方式的攻坚时期，是实现文化遗产事业跨越发展的关键时期。世情、国情将继续发生深刻变化，我国经济社会发展呈现出新的阶段性特征，文化遗产事业也面临新的发展形势。

（1）纵览世界，文化已成为国家核心竞争力的重要因素。随着世界多极化、经济全球化的深入发展和科学技术的日新月异，文化与经济、政治相互交融，与科技的结合日益紧密。今天谁占据了文化发展的制高点，谁拥有了强大的文化软实力，谁就能在激烈的国际竞争中赢得主动。快速变化的形势，迫切要求我们对中华民族几千年的优秀文化传统再学习、再思考、再认识，充分发挥我国文化遗产丰厚的资源优势，维护国家利益和文化安全，提高国家文化软实力，增强中华文化国际影响力，尽快蓄积与我国经济社会发展和国际地位相适应的文化优势。

（2）着眼国情，文化遗产事业在经济社会发展中的作用日益凸显。随着文化遗产保护的综合效益不断增强，在保障人民基本文化权益方面的作用越来越明显。文化遗产事业发展潜力大、科技融合性强、资源消耗低、环境污染少、文化品位高，是转变经济发展方式、推动经济社会发展的重要着力点，已经成为社会共识。全面建设小康社会既需要殷实富足的物质生活，更需要健康向上的精神生活。这迫切需要发挥文化遗产引领社会、教育人民、推动发展的功能。

（3）审视自身，文化遗产事业面临机遇与挑战并存的局面。我国文化遗产事业在保护利用中传承、在开拓创新中前进，初步建立了比较完备的文化遗产保护制度，初步形成了适应我国文化遗产资源分布和类型特点的保护管理体制，初步掌握了文化遗产保护和利用的基本规律，初步探索了一条中国特色文化遗产保护道路，努力开创工作新局面。综合国力持续增强，投入逐步加大，人民精神文化需求快速增长，文化体制改革深入推进，全社会参与文化遗产保护的热情日益高涨，所有这些，都为文化遗产事业发展提供了持久动力。可以预见，未来五年，我国文化遗产事业将继续保持持续发展的良好态势。

同时也要看到，制约和影响文化遗产事业发展的矛盾和问题依然突出。与全面建设小康社会的新要求相比，与人民群众日益旺盛的精神文化需求相比，与传承中华文明的事业需要相比，我们的工作依然繁重，我们的任务依然艰巨。这迫切要求我们认清形势，理清思路，更加奋发有为地推进文化遗产事业实现新的跨越。

五年是一个历史单元，更是一个新的起点。“十二五”时期，我国文化遗产事业发展要围绕国务院《通知》提出的 “到 2015 年，基本形成较为完善的文化遗产保护体系，具有历史、文化和科学价值的文化遗产得到全面有效保护；保护文化遗产深入人心，成为全社会的自觉行动”这个第二个阶段性目标，基本建立以下十个体系。

（1）中国特色、世界接轨的文化遗产理论体系。发挥理论先导作用，加强文化遗产工作的基础理论研究、应用理论研究、发展战略研究，探索文化遗产有效保护、合理利用、传承发展的规律，引领当代我国文化遗产保护实践，推进中外文化遗产理念融合，丰富国际文化遗产保护理论，始终保持我国文化遗产事业的蓬勃生机和旺盛活力。

（2）科学完备、保障有力的文化遗产法律体系。提高立法质量，增强法律法规的针对性、实效性和操作性。重视法律法规实施，弘扬法治精神，强化法治意识，坚持依法行政。基本实现文化遗产保护和利用的有法可依、有法必依、执法必严、违法必究，实现法律实施与法律体系构建的协调发展。

（3）责权明晰、效能统一的文化遗产管理体系。按照属地管理、分级管理、权责一致、监管到位的原则，明确中央和地方政府文化遗产保护管理机构的责任、权利和义务。加强国家文物行政部门政策引导、法规制定、宏观管理和执法督察职责，加强地方各级政府及文物部门统筹协调、实施监管职责。

（4）联动响应、监管到位的文化遗产安全体系。发挥全国文物安全工作部际联席会议作用，推动文物安全联防联控。完善文物安全重大事项决策机制和联合执法督察机制。加强文物行政执法机构，提升执法能力；规范文物行政执法监督，提高执法质量；完善文物行政执法机制，提升执法效能。

（5）特色鲜明、布局合理的博物馆体系。构建以中央地方共建国家级博物馆和国家一、二、三级博物馆为骨干，以国有博物馆为主体，民办博物馆为补充的博物馆体系。推动博物馆发展从“数量增长”走向“质量提升”、从“馆舍天地”走向“大千世界”，成为公共文化服务的核心阵地。

（6）政府主导、惠及全民的文化遗产公共文化服务体系。按照体现公益性、基本性、均等性、便利性的要求，基本建成文化遗产公共文化服务体系。创新服务方式，拓展服务空间，丰富服务内容，提高服务效益。鼓励社会力量参与文化遗产公共文化服务体系建设。

（7）结构合理、素质全面的文化遗产人才队伍体系。充分发挥人才队伍建设的基础性、战略性作用，造就知识渊博、品质优秀、甘于奉献的专门型人才，善于运用现代科学技术手段保护和利用文化遗产的科技型人才，熟悉文化遗产工作、善于管理的复合型人才，具有世界眼光、熟悉国际保护理念的外向型人才。

（8）重点突破、支撑发展的文化遗产科技创新体系。完善科技组织体系、技术研发体系、成果推广体系，搭建科技基础条件共享平台。实施文物保护重大科技攻关工程和可移动文物保护工程，全面提升文化遗产行业的科技支撑能力。建立科学合理的综合评价体系和科研机构开放合作的运行机制。

（9）多方协力、共建共享的文化遗产社会参与体系。吸引、支持广大民众参与文化遗产保护，形成广大民众在履行文化遗产保护义务上各尽其能、在共享文化遗产保护成果上各得其利的生动局面。鼓励社会力量参与文化遗产保护工作，建立健全公众参与机制，完善文化遗产信息公开制度。

（10）传输便捷、覆盖广泛的文化遗产传播体系。提高文化遗产展陈水平，拓展传播渠道，丰富传播手段，扩大覆盖面和渗透力。推动中华文化“走出去”，积极参与国际文化竞争，增强中国文化软实力。推动文化遗产与现代数字、网络技术结合，使高新技术成为传播中华文化的重要手段。

蓝图绘就，重在落实。“十二五”时期，要按照国务院《通知》要求，着眼于国家经济社会发展，结合我国文化遗产事业发展实际，着力理清以下几个方面的问题。

（1）在融入经济社会发展上要有新突破。围绕中心、服务大局，不断提高文化遗产事业对促进经济社会发展的贡献。要把文化遗产保护与促进经济发展结合起来，合理利用文化遗产资源，使文化遗产成为促进经济发展的新亮点。要把文化遗产保护与城乡建设结合起来，既加强对文化遗产的抢救保护，又充分展示城乡蕴藏的独特历史文化内涵。要把文化遗产保护与改善环境结合起来，不仅注重对文化遗产本体的保护，还要关注对文化遗产依存的生态环境的保护，通过国家考古遗址公园建设等模式，既实现对文化遗产的整体性保护，又为广大民众创造良好的生活环境。

（2）在保障广大民众基本文化权益上要有新举措。切实坚持政府主导，加大投入力度，体现文化遗产工作的“公益性、基本性、均等性、便利性”。要把保障民众基本文化权益摆在文化遗产工作的首要位置，加大对大遗址保护项目、公共博物馆和重要展览等的投入，向全社会提供更多优质便捷的公共文化服务。要进一步深化博物馆免费开放工作，不断提高服务民众的能力和水平。要始终关注民生、改善民生、保障民生，无论在文化遗产考古发掘和保护修缮中，还是在历史文化街区和村镇的保护建设中，都要实现好、维护好、发展好最广大民众的根本利益，着力改善民众居住和生活条件，激发广大民众参与文化遗产保护的积极性、主动性、创造性，使文化遗产事业为民造福。

（3）在引导全社会参与文化遗产保护上要有新途径。推动各级政府切实把文化遗产保护摆到更加突出的位置，确保文化遗产工作的各项任务落到实处。要加大投入力度，完善文化遗产保护经费增长机制，健全公共博物馆免费开放的财政保障机制。要按照属地管理原则，明确文物保护主体责任，切实加强文物安全防范设施建设、文物执法机构和队伍建设，确保文化遗产事业健康有序发展。要完善和落实社会力量捐赠公益性文化事业的政策措施，研究制定社会资金进入文化遗产保护领域的相关规定，鼓励引导更多社会资金投入文化遗产事业。要加强宣传普及工作，增强公民依法保护意识，积极培育文化遗产保护志愿者。要建立完善文物保护员制度，加强群防群治，充分发挥广大民众保护文化遗产安全的积极性、主动性，营造文化遗产保护人人有责、文化遗产保护成果人人共享的社会环境。

（4）在提高文化遗产保护能力上要有新进展。要加强文化遗产保护基础理论研究，发挥理论的先导作用。进一步夯实文化遗产事业的基础工作，完善法律法规、摸清文物家底、优化人才队伍、确保文物安全。要理清发展思路，谋划发展战略，实施重大工程，提高保护和管理水平。要大力推进观念创新、科技创新、展示方法创新、传播手段创新、保护和传承方式创新。全面提升文化遗产管理的精细化、规范化和信息化水平。提高依法行政能力、宏观管理能力、公共文化服务能力。

（5）在提高中华文化国际影响力上要打开新局面。积极配合国家外交大局，扩大和深化人文交流与合作，推动与更多国家签署政府间文化遗产保护双边协定，开展更有深度和实质性内容的合作。要坚持“走出去”与“请进来”相结合，加强与国外文化遗产部门的交流合作，扩大对外文化遗产展览交流，加大展览宣传推介力度，真正使文化遗产展览成为“中国走向世界、世界了解中国”的重要窗口。要以更加开阔的视野，汲取世界文化遗产保护、发展的有益成果，更好地推动我国文化遗产事业繁荣发展。要巩固和发展我国与相关国际组织和民间机构的关系，积极参与国际文化遗产保护行动和相关国际公约的制定，增强我国在国际文化遗产保护领域的话语权。

走过关键十年：当代文化遗产保护的中国经验[1]

（2011 年 12 月 25 日）

一年一度的全国文物局长会议，照例在元旦到来之前召开。一般来说，各国家机构都是在春节之后召开本系统的全国性工作会议，但是国家文物局始终把会议安排在年底，改“一年之计在于春”为“一年之计在于冬”，以便对全年的工作早总结、早筹划、早部署，逐渐成为一种传统。

全国文物局长会议

① 此文为在 2011 年全国文物局长会议上的讲话。

再过几天，我们将进入2012年，我们要共同经历几件重要的工作：

第一项工作，2012年是《中华人民共和国文物保护法》制定30周年，修订10周年。在春天，我们要迎来全国人大常委会对于《中华人民共和国文物保护法》的执法检查。30年来，全国人大常委会第一次对《中华人民共和国文物保护法》进行执法检查，这是对文物执法工作、文物保护工作的一次全面检验，将有力地推动我们的事业健康发展，更进一步地给我们指明前进的方向。当然这次文物保护工作检查，也会暴露出我们工作中存在的问题，有利于我们克服困难及时纠正。大家知道，以往全国人大教科文卫委员会、提案委员会等都有过专门的执法检查，但是由全国人大常委会这一最高层次，对《中华人民共和国文物保护法》进行执法检查，还是第一次。总的来说，这次执法检查将为我们带来非常难得的发展机遇。

第二项工作，经国务院批准，将于2012年召开第四次全国文物工作会议。应该可以这样算，我们经常把2002年召开的文物工作会议称为第三次全国文物工作会议。这次全国文物工作会议我们已经上报方案，建议在2012年6月召开。根据以往的经验，每次全国文物工作会议都会对我们文物保护工作的大政方针作出重要的研究和决定，以及对下一阶段全国文物工作作出重要战略部署。大家知道，1992年的第一次全国文物工作会议，确立了文物工作的“八字方针”，1995年的第二次全国文物工作会议增加为“十二字方针”，2002年的第三次全国文物工作会议增加到“十六字方针”。这一次全国文物工作会议将对于今后文物保护工作制定和提出什么重要的方针政策，我们充满了期待。

第三项工作，明年下半年，是联合国《保护文化与自然遗产公约》

诞生 40 周年，在世界范围，在文化遗产保护领域也将会掀起新一轮的宣传高潮。我国是世界遗产公约的成员国，并在其中发挥着越来越重要的作用，应该以此为契机，扩大文化遗产正确理念的传播。

第四项工作，第三次全国文物普查针对不可移动文物的普查工作结束以后，我们将迅速转入到全国可移动文物的普查工作。对此，我们正在着手制定标准、开展试点，以及汇集基层意见。因为我们知道可移动文物普查的数字，相对于不可移动文物普查总数来说，将是一个天文数字。我们所面临的困难，相对不可移动文物普查来说，并不算小，虽然室内作业多，但是同样会异常艰苦，同样需要扎实细致的工作精神。

总之，我们将迎来一个对于全国文物保护事业来说非常重要的年份。如何以更加饱满的精神状态来迎接新的一年工作呢？我想对于我们每一个文物工作者来说，都将是充满无限期待，也将是留下深刻记忆的一年。

今天来到会场，看到来自全国各省、自治区、直辖市的文物局长和文物博物馆系统同人，经过一年紧张而辛苦的工作，仍然精神饱满地前来参加会议，感到非常高兴。事实证明，只要心无旁骛地努力工作，心情就愉快，身体就健康。从 2002 年至 2011 年，整整十年的全国文物局长会议，我都会首先作全年文物工作报告。但是，今天在代表国家文物局作文物工作报告之前，我想对十年来全国文物保护工作历程进行一下即兴回顾。

我和大家一起经历了新修订的《中华人民共和国文物保护法》公布实施和第三次全国文物工作会议顺利召开以来的十年，对于这一段工作历程，我们每一个亲身经历者都会有不同的解读，但是我更愿意把这段工作经历分为三个阶段，分别是 2002 年至 2005 年、

2005年至2008年、2008年至今。

第一阶段（2002年至2005年）

2002年在全国文物工作者和相关部门的共同努力下，《文物保护法》顺利完成了修订，并公布实施。同时第三次全国文物工作会议胜利召开。在这两件大事之后，我们召开了全国文物局长会议，就是在这次会议之前，我们请教了包括今天在座的谢辰生先生、罗哲文先生、张忠培先生、黄景略先生、宿白先生以及徐苹芳先生等几位老先生和其他一些专家学者。当时我们就是为了搞清楚，我们应该如何将全国文物工作会议的精神落到实处，如何贯彻落实好《文物保护法》。最后，我们确定了四项基础工作：一是建立文物保护法规体系；二是摸清文物家底；三是文物保护人才培养和科学技术支撑；四是确保文物安全。这四项基础工作，直到今天，直至永远，都是我们各项工作的重中之重，都是我们全国文物工作的“命根子”。

一、在文物法规体系建设方面

近十年来，在国务院的层面，先后公布了《文物保护法实施条例》《长城保护条例》《历史文化名城名镇名村保护条例》；在国家部委的层面，先后公布了将近40项相关部门规章；在各省、自治区、直辖市的层面，先后公布了300多项地方性法规；当然还有地市层面的相关规定。这个力度和成果，应该是在新修订的《文物保护法》的指引推动下，集全国文物系统的智慧，持之以恒地坚持才完成的。同时，我们还意识到，由于文物保护工作的专业性，我们还需要根据我国文物保护的实际，结合不同的行业标准，制定具有中国特色的文物保护方面的国家标准体系。目前已有几十项国家标准、行业标准公布实施，还有几十项正在编制中，将会陆续出台。另一方面，我们也清醒地认识到，在文物保护法规建设方面，同样还有很多不完善的地方，例如在博物馆建设规模不断增大，博物馆藏品不断丰富的情况下，保护任务面临不少新的问题、新的情况，而《博物馆条例》迟迟未出台，我们必须继续努力。再如对于工业遗产、乡土建筑、文化线路、文化景观等新型文化遗产的保护，缺少文物保护方面的法规，《大运河保护条例》等也亟须编制。这些方面已经得到了有关部门的重视，相信在不久的将来都会得以实现。

二、摸清文物家底方面

首先开展的是馆藏文物的调查。文物调查及数据库管理系统建设项目，作为一项覆盖全国的馆藏文物资源调查工程，从试点、扩大试点、再到全面铺开，对全国文物系统博物馆的馆藏珍贵文物进行了一次比较彻底的汇集、登录和建档。这是第一次采用数字化等科技手段得以摸清文物家底的工作实践，凝聚了全国文物博物馆系统同人们的心血。经历十年艰辛努力，终于取得了丰硕的成果，并于 2011 年 6 月圆满结项。同时，我们报请国务院批准，并由国务院领导亲自担任组长，国务院 16 个部门参与，各省分管副省长亲自担当，集中全国文物系统的力量，开展了第三次全国文物普查。这次全国文物普查堪称人类社会有史以来对文化遗产最大规模的普查建档工作。再过三天，国务院将召开第三次全国普查总结大会。我们从一开始就认为，这项工作对于全国文物系统提高文物保护能力来说应该是一次大练兵，对于全国各级政府提高文物保护意识来说应该是一次大动员，对于广大民众支持参与文物保护来说应该是一次大宣传。在五年的时间里，首先用近一年的时间进行前期准备，包括制定标准、培训队伍和开展试点。接下来又用了大约两年的时间，进行田野调查。又用两年时间对文物普查数据校核、复核，现在已经基本完成全部任务，普查数据已经上报国务院，并得到批准，具体数据三天以后将向社会公布。这次全国文物普查，我认为体现了几方面特点：一是锻炼了队伍，将近5万名文物工作者和志愿者，在祖国的山川、荒漠、田野、水下进行了一次艰苦卓绝的“大战役”，祖国的每一个角落，包括水下文物都得到了调查；二是广泛应用了高新技术，我们今天能够掌握的先进技术、先进装备都得到了应用；三是体现了部门协同，特别是中央财政给予了第三次全国文物普查巨大的财力支持，国家各部委对于文物普查工作高度重视；四是涌现出了无数可歌可泣的模范事迹。第三次全国文物普查的前一阶段，是针对不可移动文物的普查工作，这项工作结束以后，我们将迅速转入到对国有可移动文物的普查工作。

在摸清文物家底方面，我们还开展了世界上规模最大的线性文化遗产长城资源调查工作，长城沿线17个省、自治区、直辖市参加，同样是经过了将近5年的努力，此项工作也已经进入尾声，明长城8 800多公里的普查信息已经向社会公布，战国长城、秦汉长城也将在近期陆续向社会公布。我们还进行了针对馆藏文物腐蚀情况的调查，这项工作使我们对不同材质、不同年代的珍贵文物，在不同保管条件下的状况有了一个总体情况的掌握，为今后实施文物保护工程和保护项目提供了依据。

总的来说，在摸清家底的工作方面，我们做了一些努力，也留下了一些需要继续努力的工作。

三、在人才培养和科技支撑方面

这两项工作，虽然在今天仍然是我们文物保护工作的短板和我们今天最渴望突破的方面，但是我觉得我们已经找到了一些有效途径。

全国省级文物局局长专业管理干部培训班开学典礼

全国省级文物局局长、博物馆馆长岗位培训班开学典礼

譬如在人才培养方面，我们虽然没有建设更多的培训中心和基础设施，但是广泛地动员了更多的高等院校、科研院所等社会机构参与此项工作，这些机构有很好的师资力量、教学设备、学习环境和基础设施，完全能够承担文物保护人才培养任务。我们的诉求得到了全国各地数十所高等院校和科研院所的支持和回应。为了使人才培养可以在更大范围内取得成效，我们连续四年举办了四期省级文物局长、博物馆馆长、考古所所长和古建所所长培训班。近年来不断有过去不是专门从事文物博物馆工作的人员进入我们的团队。这样的培训班还要继续举办下去，并且向纵深方向发展。在培训范围上目前已经扩大到市（县）一级的市（县）长，扩大到整个文物保护领域的方方面面，例如世界文化遗产地负责人培训班、民族地区文物保护人员培训班、军队营房文物保护骨干力量培训班等，以此来提升文物保护队伍的整体素质和力量。

在科技支撑上，我们同样没有局限于自己系统有多少科研力量就开展多少科研项目，也没有局限于只把中国文化遗产研究院这支“国家队”作为提供文化遗产保护科研支撑的唯一力量，而是打破常规，跨越行业、部门、系统界限，只要是急需的文物保护科学技术，就广泛动用社会上的科学技术力量，包括国外专家学者广泛参与。正是在这种思路的指导下，才能够承担起诸如“中华文明探源”“指南针计划”等重大专项课题，才能够会集数十个、甚至上百个科研单位的数千名科技工作者共同参与。对有专业特长、在某一领域得到同行们认可的科研机构，授予国家文物局文物保护科研基地的牌子和职能，使他们能够承担自己所擅长的文物科技保护工程和科研课题，于是在全国逐步建立起 17 家文物保护科研基地。我们并不满足于此，在有一定科技基础的地区，还开始尝试建立科技创新联盟，例如国家文物局和浙江省政府签订协议，以杭州为中心，整合浙江大学、浙江省博物馆、省考古研究所和其他一些文物博物馆单位、高等院校等科技力量，建造一个集科学研究、科技保护、人才培养于一体的科技“旗舰”，为文物保护工作“保驾护航”，目前已经逐渐显现出其强大优势。

四、在文物安全保护方面

我们是在一个极为特殊的历史发展阶段，从事我国的文物保护事业。经济快速增长，使我们的城市化进程每年都在以一个百分点以上的速度增长，也就是说每年有超过 1 200 万的农业人口进入城市。根据最近的统计数据，我国居住在城市里的人口首次超过了居住在农村的人口，这就意味着我们城市化的进程已经达到并超过了 50%。快速的城市化进程带来城市规模急剧扩大，城市基础设施建设、城市建设用地迅速膨胀，从而使我们地上和地下文物保护的压力空前加大，城市建设与文物保护之间的矛盾异常激烈。还有一个不能忽视的方面，就是我们每一个家庭支出结构的改变与文物保护之间的关系。当人均国内生产总值在 1 000 美元以下时，我们家庭的支出结构无非就是衣和食，吃得好一些，穿得体面一些。当人均国内生产总值在 1 000~3 000 美元之间时，我们的家庭支出结构主要是购买“三大件”，“老三大件”买完了买“新三大件”，后来发展到买空调、电脑，无非就是这样。但是当人均国民生产总值达到 3 000 美元以上时，千万家庭的支出结构都会有很大的调整，主要是住和行。家家都希望买一套拥有自主产权的单元住宅，哪怕小一点；家家都希望拥有一辆自用的私家车，哪怕档次低一点。这种情况下，遍布开花的房地产开发，城市道路建设，市政设施建设，一浪高过一浪，世界很多国家和地区都经历过这样的阶段，这个时候是文物保护工作最艰苦，也是最紧迫的时候，我们正处在这么一个关键的时刻。

谈到文物艺术品市场，真真假假，鱼龙混杂，很大程度上，搅乱了人们对文物收藏的基本认识，忽视了文物藏品的文化价值、历史价值、艺术价值，而是过度宣传文物藏品的经济价值，从而引发了新的一轮文物盗窃、盗掘、走私高潮，而且犯罪趋向集团化、智能化和暴力化，组织更加严密，手段更加残忍。面对这样的形势，全国文物工作者顶住了压力，履行了职责，坚守住了自己的道德规范，作出了表率，勇敢地捍卫了《中华人民共和国文物保护法》。但是仅此仍然不够，我们还是没有更大的力量阻止城市建设中法人违法对文化遗产的破坏，没有更多办法阻挡那些组织起来针对具体目标实施的文物犯罪。国务院重视文物保护事业发展，在编制不断紧缩的情况下，批准国家文物局增加了三个司，其中包括督察司。督察司成立以后，全国各地紧跟而上，纷纷成立或筹备成立督察处和文物执法督察部门。在工作方法上，改变过去文物部门孤军作战的被动局面，而是与同样承担文物保护重要职责的其他相关部门联合起来，协同执法，例如同公安部、海关、工商、海监等部门，都建立起良好的工作关系，得到了他们的充分理解和大力支持。去年公安部和国家文物局，在全国 9 个省，今年扩大至 17 个省，联合开展集中打击文物犯罪行动，在一定程度上有效地遏制了文物犯罪的势头。再有我们各地的文物鉴定站和各地海关紧密配合，严把文物出境关口。最近，我们和国家海洋局签署了合作协议，决定在今后的海监工作中，也把水下文化遗产保护纳入工作的重要内容。这些工作，对于我们今天的严峻形势来说，非常不够，但是我们做了坚持不懈的努力，也得到了国家的高度重视。在国际社会打击盗窃、盗掘、走私文物的联合行动中，国家领导人多次出席我们和相关国家签署打击文物盗窃、盗掘、走私的双边协议的活动。特别是经过艰苦努力，中国政府和美国政府签署了双边协议，与这个最大的中国文物流向国、入境国在一定程度上达成了打击文物盗窃、盗掘、走私中国文物的共识和联合行动意向。

从 2002 年全国文物工作会议以来，我们一直坚持这四项基础工作不动摇，正如有的文物工作者所说，建立文物保护法规体系、摸清文物家底、文物保护人才培养和科学技术支撑、确保文物安全的四项基础工作给全国文物工作打下了“四个桩”，我们还要继续努力把四项基础工作夯实，我认为这是我们在第一阶段思想上、工作中的一个重要收获。

第二阶段（2005 年至 2008 年）

2005 年前后，有一些引发我们思考的重要文件和会议。首先是 2004 年在我国召开的世界遗产大会，会议代表所谈到的一些理念与我国的文物保护理念存在明显差距，基本上都是西方世界的话语权，我们的很多工作都没有进入国际视野，我们很多有中国特色的文物保护理念还不被别人所理解，这给我们很大的触动。会议结束后，我们暗下决心一定要突破这种被动局面。经过努力，2005 年国际古迹遗址理事会第 15 届大会在我国西安成功召开。经过认真思考和缜密研究，在这次会议上，我们开始传达出中国文物保护的声音，顺利通过了《西安宣言》，主张不仅要保护文物本体，而且还要保护文物环境，而并不是像以前的相关文件，只把文物本体作为保护对象，而对周围环境只是强调注意协调。此后在国际文化遗产保护领域发

中国文化遗产保护无锡论坛——20 世纪遗产保护

中国文化遗产保护无锡论坛——运河遗产保护

起的各项保护倡议行动中，我们都积极参与实践，由开始紧跟，到走到相当多国家的前面。2006 年我们举办了文化遗产保护无锡论坛，提出了关注工业遗产保护的主题，2007 年提出了关注乡土建筑的保护的主题，2008 年提出了关注 20 世纪遗产保护的主题，2009 年提出了关于文化线路保护的主题，2010 年提出了关注文化景观保护的主题，今年提出了关注运河遗产保护的主题，明年我们还将策划关注农业文化遗产保护的主题论坛。

澳门大三巴牌坊广场

一波又一波的文化遗产保护运动，都是由国际社会刚刚动员，我们就马上掀起全国性的行动，包括专家论证、发布文件、进行试点，然后推广，这里面确实有我们的一种理想，并且显现成效。例如在推动工业遗产保护方面，上海市做得非常成功，已经保留了 400 万平方米的工业遗产建筑，我们在上海召开了现场办公会。沈阳、天津、重庆、北京、武汉等很多城市也掀起工业遗产保护的潮流。在推动乡土建筑保护方面，引起了各地特别是南方各省的高度重视，在这次文物普查登记数量中，一些南方省份异军突起，很大一部分原因是大量历史村落、乡土建筑得到了发现和有效保护。在推动线性文化遗产保护方面，京杭大运河被列为全国重点文物保护单位，给我们很大的启发和鼓舞，于是启动了丝绸之路、茶马古道、蜀道等线性文化遗产保护和调查工作。在推动文化景观保护方面，近年来申报世界文化遗产中文化景观扮演了重要角色，从 2006 年澳门历史城区申报世界文化遗产成功，到 2007 年的开平碉楼、2008 年的福建土楼、2009 年的山西五台山、2010 年的登封“天地之中”历史建筑群，再到今年的西湖文化景观、明年的元上都，我认为我国的文化景观资源非常丰富，有城市类的、乡村类的、山水类的、遗址类的、宗教类的、民俗类的、产业类的、军事类的，每一处文化景观成功申报世界文化遗产后，都使该遗产所在的广大区域的文化景观得到了有效保护，引起了社会高度关注。

开平碉楼

2005 年，国务院发布了《关于加强文化遗产保护的通知》。这个通知首次使用“文化遗产”作为主题词，使我们开始更加广泛的使用“文化遗产”这个过去虽然使用但是使用频率不高的词汇，对它的内涵和外延进行重新解读、推敲和体会，感到与“文物保护”相比，“文化遗产保护”的内涵更加丰富，更加强调世代传承，更加强调公共参与。例如在《世界遗产公约》中，文化遗产的定义被界定为文物、古建筑、古遗址，如果我们只使用“文物”一词，在国际语境下，就会被误认为我们只负责保护文化遗产的一部分，不包括古建筑和古遗址。这样一来我们的工作范围就会被误读，并不能真实反映我们的工作范围和工作职责。因此，我们开始对文化遗产内涵的深化和外延的扩展有了更进一步的理解和认识，譬如以下几方面。

（1）在文化遗产保护的内涵方面。第一，我们更加强调文化遗产的世代传承性。过去我们总是争论保护是目的，还是利用是目的，今天我们更加深刻地认识到，保护不是目的，利用也不是目的，传承才是真正的目的。我们每一个人所处的时代都只是历史长河中的一瞬间，每一个文物工作者都不能利用今天可以掌握文化遗产命运的优势，随意地去修，不负责任地去改，我们必须对子孙后代负责，为他们保护和利用文化遗产留出更多的空间，把文化遗产完好地传承下去，才是我们最高的职责！第二，我们更加强调文化遗产的公众参与性。认识到今天从事的文化遗产事业，已经不是政府部门或者文物部门能够独立承担的工作，而是全民的责任。每一个社会民众都有对于文化遗产保护的知情权、参与权、监督权和受益权，他们对自己身边的文化遗产，对自己家乡的文化遗产，对自己城市的文化遗产，都充满感情，他们应该享有这种文化权益。

（2）在文化遗产保护的外延方面。对文物保护对象我们在认识上有了扩展。一是保护内容上的扩展，由单一的文化要素保护到文化要素和自然要素共同生成的那些文化景观的保护。例如过去我们注重保护泰山的摩崖石刻，五台山的寺庙建筑群，庐山的近代别墅区，西湖的灵隐寺、岳庙等，但是今天有所不同，除了要保护这些以外，还要保护它们的整体环境和由整体环境创造出来的所有文化结晶。二是由单一的静态遗产保护到活态的、动态的遗产保护。例如过去我们注重保护古遗址、古墓葬、石窟寺以及万里长城，它们基本上都已经失去原初的功能，今天作为人们参观的地方。但是我们还要注意保护那些人们生活其中、具有和体现文化多样性的历史街区、江南水乡、传统村落、民族村寨等，因为它们更加能够体现普通民众的文化创造。这些活态的、动态的文化创造还包括大运河，它正在流淌、航运、灌溉。还有一些具有特殊文化意义的植物园区，例如聚馆古贡枣园、袁隆平先生的杂交水稻田等。三是由古代文物、近代史迹保护，延伸到当代文化遗产保护。在现实工作中，我们发现当代文化遗产有两个特点。第一是消失得更快，很多我们熟知的当代人的文化创造，几十年之内就可能消失掉。比如新中国成立初期北京的“十大建筑”，现在还剩下“八个半”。第二是当代文化遗产更难保护，那些由钢筋混凝土和磁性材料等现代材料组成的现代建筑和文化遗存，需要研发更加有针对性的保护技术，如果我们再不注重保护它们，不久的将来我们想保护它们的时候，却将很难找到它们的遗存，只能留下很大的遗憾。四是在保护尺度上，由以往保护一座古桥、一座古塔，到一片历史街区、一座历史村镇，再到视野更加开阔，关乎人类历史变迁、文化传承的文化线路保护，例如大运河、丝绸之路、茶马古道、蜀道等。五是由过去我们目光集中的宫殿、寺庙、纪念性建筑，到开始注意保护反映普通民众生产生活的民族民间文化遗产，例如工业遗产、乡土建筑、老字号遗产等，它们最能体现一座城市、一个社区中人们的生活记忆。六是由物质文化遗产保护到非物质文化遗产保护，特别是物质文化遗产和非物质文化遗产共同生成的文化空间的保护，例如文化街区、历史村落、民族村寨等，都是文化景观和文化空间共同叠加所生成的文化结晶。

第三阶段（2008 年至今）

2008 年出现了两件影响文化遗产保护理念的重大事件。第一件事是 2008 年 4 月，国家决定率先在全国文化文物系统的博物馆实施免费开放。记得之前浙江省杭州市率先实施免费开放时，曾经引起一些争论，一直到湖北省博物馆实施免费开放以后，才逐渐达成共识，开始把关注点放在博物馆免费开放以后如何提升博物馆服务质量、确保文物藏品和文物展品安全等方面上来。今天各省级博物馆平均每天接待观众 3 000 人左右，进入相对稳定的状态。但是免费开放对于全国文物博物馆领域的思想观念带来了很大冲击，我们开始深入思考博物馆的专业化功能和社会化职能之间的关系，思考博物馆文化如何融入人们的现实生活，融入国民教育体系，开始关注博物馆可持续发展的诸多问题。全国博物馆实施免费开放以来，国家累计增加对于博物馆的投入 80 多亿元，博物馆观众增加了 50%，公共文化服务水平显著提升。

第二件事是 2008 年 5 月 12 日四川汶川发生大地震，一下打乱了我们的计划安排和工作部署。现在回忆那段时间，都不知道是怎么过来的，每次从四川灾区回到办公室，刚坐下来就想灾区有那么多抢救性的任务，我们怎么还能够待在办公室里，于是又再次回到抗震一线。对于全国文物工作者来说，这是一种前所未有的压力，我们经受住了挑战。三年来，完成了 200 多项重要文物保护单位修缮项目。“一方有难、八方支援”的精神在全国文物系统得到发扬，涌现出许多感人事迹。更重要的是，当我们面对突如其来的自然灾害、突发事件时，学会了如何能够更有效地保护祖国的文化遗产，能够更有效地凝聚我们的力量。四川省文物局、甘肃省文物局、陕西省文物局在抗震救灾文物抢救保护方面承受了更多的压力，他们战胜困难的决心和勇气鼓舞了全国的文物工作者。

这两件事在相当程度上改变了我们以前的工作方法和工作思路，引发我们更加深入地思考文化遗产保护的根本目的。例如在汶川大地震重灾区的桃坪羌寨，灾后近400户羌族民众居住在地震棚里，生活非常艰苦。在这种情况下，我们没有按部就班地组织各地勘察设计单位、施工单位、监理单位进行历史村寨和传统建筑的设计和修缮，而是在地震发生后两个月，就开始组织施工抢修碉房、碉楼和村寨。之所以能够做到这样的效率，就是因为依靠了当地民众。因为我们认为这些碉房、碉楼和村寨的创造者是当地民众，千百年来羌族民众面对高山峡谷、恶劣气候、复杂环境，在既没有机械设备、也没有设计图纸的情况下，建造了高高的碉楼建筑和碉房建筑群，这是当地民众智慧的结晶。当地民众如果能够在震灾之后，通过抢险修缮延续传统技艺，对于他们来说是祸中之福，他们的文化记忆将得到保护，他们的文化创造将得到传承。于是将当地年轻村民组织起来，由专家讲授文物保护的知识和理念，由当地能工巧匠手把手地教授传统建造技艺，由当地民众承担抢险修缮工程。三年来，国家财政安排桃坪羌寨抢险修缮专项经费8 000万元，参加抢险修缮的当地民众，平均每人获得了5万元左右的收入。这种采取“以工代赈”的方式，使当地民众依靠自己勤劳的双手度过了最困难的时期。更重要的是，通过这次抢险修缮，当地民众掌握了羌族建筑的传统建造技艺，对自己家乡故土更加热爱，对文化遗产保护更加理解和支持。文物保护抗震救灾，凝聚了全国文物系统的力量，展示了文物系统的整体实力和坚强决心。

坎儿井的保护和修缮对于我们来说，也得到了启发和教育。当时吐鲁番的一位副专员和当地考古所的同事一起来国家文物局，反映国家财政安排了6 000万元专项经费修缮坎儿井，但是经过专业机构的设计，每修缮一条坎儿井需要300多万元，那么6 000万元只能修缮十几条坎儿井。坎儿井应该怎么修缮？我们决定去实地考察，走访了一些村庄，体会坎儿井对于当地民众现实生活的意义，了解坎儿井的修缮方法。决定将当地民众组织起来，仍然沿袭传统的坎儿井修造技术和施工方法，逐渐恢复坎儿井的生活功能，关闭影响坎儿井保护和利用的机井。机井虽然方便，可以直接把水引到房间里面，但是在沙漠地区它不是适宜的取水设施。坎儿井是当地民众的智慧创造。雪山上流下多少水，地层能够涵养多少水，能引到村庄多少水，就合理利用多少水，通过竖井、暗渠将水引到村庄，在坎儿井尽端形成涝坝，涝坝附近就开始有小鸟、小鱼、昆虫，就开始长树、长花、长草，人们就在树下做家务活，唱歌跳舞，进行人际交流，这才是当地丰富多彩的生活。但是后来出现了机井，而且越打越多，机井是强制性的取水方法，而当地水资源十分有限，先抽几百米的水，后来抽几千米的水，水价也不断上涨，当地民众开始怀念清凉甘甜的坎儿井水。我觉得这里还有文化因素，使用机井后虽然用水方便了，但是文化生活变得单调了。所以下决心让当地民众采用传统技术修复坎儿井，使坎儿井恢复生命，重新回到当地民众的生活之中。

近年来，大遗址保护也是让我们重点思考和实践的一项工作。为了使这些重要的考古遗址在大规模的城乡建设中平安无恙，需要进行很多探索性的工作。2003 年高句丽遗址、2004 年殷墟遗址先后进行整体保护，相继列入《世界遗产名录》，随后鸿山遗址、金沙遗址、良渚遗址等考古公园的实现，使我们认识到在不断发展的城市中，大遗址应该成为积极美好的事物，成为人们感受文化魅力的地方。2008 年以来，秦始皇陵遗址公园、大明宫考古遗址公园、隋唐洛阳城考古遗址公园等相继建设，形成多种保护模式。例如秦始皇陵在几年前还是旌旗招展、锣鼓喧天的喧闹场所，如今恢复了庄严肃穆的文化景观。目前越来越多的大遗址通过整体保护，摆脱了被蚕食、被破坏的威胁。在考古遗址公园里考古遗址成为主角，广大民众在这里享受文化知识，考古学者在这里进行持续的历史文化研究。现在我们又开始研究更加生态、更加和谐、更加可持续发展的考古遗址公园建设理念，这个思路在今年的大遗址保护荆州会议上被提出，取得了广泛的社会共识。

通过大遗址保护的实践，我们开始用三个标准来评判文化遗产保护工作的意义：一是应使文化遗产在新时期拥有尊严；二是文化遗产保护应成为促进经济社会发展的积极力量；三是文化遗产保护成果应惠及广大民众的现实生活。

就当前我国文化遗产保护的整体形势而言，应该提倡从“数量增长”走向“质量提升”。近年来，伴随国家经济社会繁荣发展的形势，文物保护的方方面面都呈现迅速增长的趋势。

在文物保护方面，经过第三次全国文物普查，登记不可移动文物数量达到 76 万余处，较第二次全国文物普查增幅超过 200%。第六批全国重点文物保护单位的公布，使全国重点文物保护单位的数量增加了将近一倍。近日完成的第七批全国重点文物保护单位申报数量亦超过 2000 处，如果顺利获得通过，全国重点文物保护单位又将增加将近一倍。近年来，我国世界文化遗产的数量和涵盖范围不断增长，在保护方面的体制机制问题逐渐显现。大遗址保护和考古遗址公园的建设得到了地方政府和社会各界的高度关注，大遗址保护的全国性格局已初步形成，逐渐形成以“六片、四线、一圈”为核心、150处大遗址为支撑、覆盖全国的大遗址保护整体格局。面对不断扩张的文物保护数量、范围和空间，如何正确驾驭，如何始终按照正确的科学理念实施，亟须加强基础理论研究和实践总结。

悉尼南威尔士州博物馆

在博物馆建设方面，长期以来有两个统计数字确实令我们非常汗颜，一个是博物馆的建设数量，一个是博物馆的观众数量。经过近年来的持续发展，现在博物馆的数量以每1~2天新增一座博物馆的速度在增长。博物馆观众数量在免费开放后，也出现大幅度增加，2010年有5.2亿人次进入博物馆参观。虽然我国博物馆的总数和人均数量与美国等发达国家相比还相差甚远，我们应该继续努力，但是我认为，

中国科技馆陈列设施

巴塞罗那凯撒基金会博物馆

就整体发展而言，到了从“数量增长”走向“质量提升”的阶段。博物馆应该在八个方面提高质量：提升馆舍建设水平、提升文物藏品保护水平、提升科学研究水平、提升陈列展览水平、提升公众服务水平、提升文化传播水平、提升文化产品研发水平、提升科学管理水平。

在国家财政投入方面，对文物保护和博物馆发展的人力、物力、财力投入逐年增加，如果说十年前文物保护专项经费只有 2.5 亿元，今年已经达到 100 亿元左右。面对快速增加的文物保护资金，如何科学安排、合理使用，并取得实效，也成为当前必须妥善处理的要务。

总之，今天文物事业的发展应提倡从“数量增长”走向“质量提升”。以上是我担任国家文物局局长十年来的一些体会，仅供大家参考。

关于城市文化建设与文化遗产保护[1]

（2012年5月15日）

今天是令我感到非常光荣的日子，因为中国社会科学院研究生院授予我很高的荣誉，当然我不仅仅把它看作一种荣誉，应该把它看作一种责任。15年前，我刚到房山区工作的时候，这个地方还是一片农田。当时有一个计划，就是要把房山区的行政中心由房山老县城搬到良乡镇，也就是说要把房山区的行政中心从北京城市规划的七环路附近，搬到六环路以内。这是一个很大的动作，也是一个很艰巨的过程。那么如何建设一个面向未来的美好城市？当时思考最多的就是，不仅要把新城建设成为一座“功能城市”，而且要建设成为一座“文化城市”。所以为了城市能够可持续地健康发展，需要在城市规划中增加教育和科研机构比例，需要在城市人口中增加受过高等教育人口的比重。在当时刚有“高教园区”这个概念的时候，我们就希望在房山区新的行政中心良乡能拥有一座教育园区。于是，从中国社会科学院研究生院到北京理工大学，我们走访了很多教育单位，当时李铁映院长非常重视中国社会科学院研究生院的选址建设，他亲自带领我们考察位于望京附近研究生院老校舍的办学状况，然后又来到良乡镇，就是现在我们学校这个地方进行选址。

10年过去了，我也早已调离房山区多年，王伟光院长跟我说研

① 中国社会科学院研究生院“社科大师大讲堂”的报告。

究生院还没有建设起来，因为当时谈好的地价，十年间翻了很多倍，良乡地区房地产开发开始活跃起来，当地对于拿出这么多的土地建设学校有些想法，并且希望参与施工建设。于是，我又帮助参与研究生院建设的协调工作，与当时的区长进行沟通。我认为实际上一座城市的可持续发展，不仅在于短期GDP增长和房地产开发收益的增加，而在于它在未来的发展中有没有更加坚实的基础。其中具有影响的教育和科研机构必不可少。此次来到研究生院，看到短短几年时间，能够建设成为这样美丽的校园，拥有这样良好的教学和研究环境，非常欣慰和高兴。今天能够得以在这里向大家谈一些体会，也非常感谢。我汇报的题目是《关于城市文化建设与文化遗产保护》。

大家知道，当前我国城市化快速发展带来了城市建设以空前的规模和速度展开，这个时期我认为是文化遗产保护和城市文化特色保护最紧迫、最危险，也是最关键的历史时期。为什么这么说，当然是有大量事实可以证明，从很多国家、很多历史性城市走过的发展道路都证明了这一点。但是中国城市化进程来得更加迅猛，时间过程短，投入力度大。我们从城市化率30%到今天城市化率50%，再到2020年城市化率将达到60%，这样一个发展阶段在英国大约用了180年，在美国大约用了90年，在日本即使经历了战后奇迹般经济崛起，也用了60余年，而我们国家实现这个过程可能仅仅需要30年，因此我们处于一个特殊的经济社会发展阶段。

城市化率是农业人口进入城市速度的一个反映。在我国，城市化率每增长一个百分点，就意味着1 200万左右的农业人口进入城市。人们来到城市，要就业、要居住、要出行，必然引发城市规模的持续扩大。但是我认为这仅仅是问题的一个方面，另一个方面来自于我们每一个家庭生活变化对于城市发展的影响。城市化率的发展伴随着一个指标，就是人均国内生产总值的变化。当人均国内生产总值在 1 000 美元以下的时候，大家可以回忆一下，就像 20 世纪 80 年代初，我们家庭的收入只有一百元或者上百元钱，那时候家庭支出主要用于“衣”“食”，无非希望吃得营养一些，穿得体面一些。当人均国内生产总值达到 3 000 美元以下的时候，也就 20 世纪 90 年代初，我们家庭的收入在一千元或者上千元钱的时候，家庭支出结构主要用在生活的现代化，特别是购买家用电器，先是老“三大件”，然后又是新“三大件”，后来发展到空调、电脑等高档电器商品，也仅此而已。但是当人均国内生产总值继续增加，达到 8 000 美元以下的时候,我们家庭的收入达到一万元或者上万元钱的时候，家庭主要支出改变为“住”“行”，这一阶段家庭支出结构对城市发展规模的影响最大，出现实质性的变化。也就是当千万个家庭都同时希望购买一套拥有产权的单元住宅，当千万个家庭都同时希望购买一辆可以驾驶出行的私家车的时候，必然引发大规模的城乡建设和基础设施建设。目前，我国东部的城市和西部的一些大城市基本上都进入了这样一个时期，而北京去年人均国内生产总值已经在 1.2 万美元左右。

那么，城市化率的快速提升和家庭支出结构的迅速变化，就使地上地下的文化遗产的保护与大规模的城乡建设之间的矛盾异常突出。这个历史阶段并不会很长，可能还会持续 15 年到 20 年的时间。当人均国内生产总值达到 8 000 美元以上的时候，就像欧洲国家的一些历史性城市，已经进入了持续的、稳定的发展状态，文化遗产保护与城乡建设之间的矛盾也就不再尖锐。而前几年北京每年的建筑量，比欧洲几十个国家每年建筑量的总和还要多一倍，今天的城市文化建设和文化遗产保护就处于这样一个极为特殊的历史阶段。

面临种种问题和挑战，每一座城市都必须以文化战略的眼光进行审视，都必须从全局和发展的角度进行思考和分析，才能得出正确的创新理念。

这里有两组图片，可以证明我刚才所说的城市化发展所引发的城市空间结构的变化。这张图是无锡和苏州地区，上面是无锡市，下面是苏州市，蓝颜色的是太湖和长江，黄颜色、绿颜色的是田野和树林，红颜色的是城镇，这是1986年的情况。下面分别是1991年、1996年、2002年、2004年的情况，可以看出这个地区的空间环境在发生激烈的变化。遗憾的是我没有2004年至2012年这8年的数据，但是我相信过去这8年，仍然是城市化快速发展的时期，也就是这组图片上的绿色空间必然还在持续地减少，而城市规模还在不断地扩大。再看我们所在的这座城市，1975年北京的城市建设基本在三环路以内，随后于1988年跨过四环路，1992年跨过五环路，1998年跨过六环路，自2002年以后一块“大饼”就这样迅速摊开。那一年我调离了北京市规划委员会的工作岗位，后来的数据没有掌握，但是今天的城市建设用地一定比那时摊得更大。记得20世纪80年代初，中央书记处对北京城市建设作出四项重要指示，要求北京在任何情况下人口规模都不得超过1 000万。但是去年年底从报纸上得知，2011年北京的人口规模已经达到了2 000万。

近30年来，我国的城乡建设在众多领域，取得了举世瞩目的辉煌成就，但是我认为一些城市在物质建设不断取得新的进展的同时，在城市文化建设方面则重视不够。归纳起来，涉及八个方面的问题，或者说应该避免出现的情况，由此可以看出加强城市文化建设、避免城市文化危机加剧的紧迫性。

一是避免城市记忆的消失。城市记忆是在历史的长河中一点一滴地积累起来的，从文化景观到历史街区，从文物古迹到地方民居，从传统技能到社会习俗，众多的物质的与非物质的文化遗产，都是形成一座城市记忆的有利物证，也是形成一座城市文化价值的重要体现。我们看这些历史街区、文物建筑、地下遗存、非物质文化遗产，他们共同构成一座城市的文化记忆。但是在一些城市，进行所谓的“旧城改造”“危旧房改造”，采取大拆大建的开发方式，致使一片片历史街区被无情地夷为平地，一座座传统民居被无情地拆毁，由于忽视文化遗产的保护，造成这些城市文化空间的破坏，历史文脉的割裂、社区邻里的解体，最终将导致城市记忆的消失。

我非常反对“旧城改造”和“危旧房改造”这两个词，我认为这两个词不科学，没有文化，尽管它们至今仍然在广泛地使用。“旧城改造”的问题在于，把有着千百年文化积淀的历史城区，仅仅定位于改造的对象，而没有强调它还有需要保护的一面。“危旧房改造”的问题在于“危”“旧”不分，如果房屋危险需要改造的话，那么房屋仅仅因为年代悠久就要改造掉吗？在推土机下，大片历史街区被推得荡然无存，很多传统街道的墙上被写上大大的“拆”字，还画一个圈。为什么要画一个圈呢？有的报纸归纳了多种说法，其中一种说法是说怕有人在前面写上一个“不”字，变成“不拆”。我认为比较可信的一种解释是，在“拆”字的外面再画上一个圈，更像中国的印，以便强调它的刚性、它的强制性。于是很多很好的传统民居建筑被成片拆除。例如这张图片上看到的这些四合院民居，建筑质量很好，本来还可以继续使用很多年，应该作为历史建筑加以保护，但是被无情地拆毁了，非常可惜。十五年前，搬迁这片历史街区的居民，一户大约需要 20 万元。而自从这片历史街区被定为历史文化保护区以后，人们认识到四合院建筑的独特价值，现在要搬迁这片历史街区内的一户居民，可能就需要一两千万元。那么当时成片历史街区被拆除之后，盖出什么建筑呢，就是这样一些冷冰冰的、缺乏人性的建筑。为什么说缺乏人性？大家看这是一栋六层住宅，没有电梯，对于老人、孩子来说已经十分不方便，但是下面还要增加一层仅有微弱采光的地下室住房，顶上还要举起一个所谓的复式层建筑，也就是说一座八层住宅而没有电梯，难以想象他们如何面对未来。

二是避免城市面貌的趋同。城市面貌是城市历史的积淀和文化的凝结，是城市外在形象与精神内质的有机统一，是一个城市的物质生活、传统文化、地理环境等因素综合作用的产物。我认为一个城市的文化发育越成熟、历史积淀越深厚，城市的个性就越强，品位就越高，特色就越鲜明。很多城市都拥有自己的特色，例如平缓开阔的北京历史城区、白墙灰瓦的苏州古城、平遥和丽江两座古城在 1997 年双双进入了《世界遗产名录》。欧洲也有一些城市给人们以很深刻的印象，例如罗马、维也纳、布达佩斯。我想提醒大家看这些照片时注意一点，就是在这些历史性城市中，耸立于众多房屋之上，构成城市天际线的那些建筑，一定是文化建筑或是公共建筑，而绝不会因为某个企业有实力，某家族有钱，就能建出占领城市天际线的高大建筑，强迫全体市民被动地看他的建筑。同样有地域特色的城市还有非洲的卡萨布兰卡、南美洲的库斯科古城等，都有属于自己的文化面貌和文化景观。以色列的特拉维夫是一座年轻的城市，106 年前，27 户犹太人在这里定居，他们采集可以获取到的地方建材，按照统一建筑形式进行房屋建设，当 4 000 多栋建筑建成以后，独具的城市特色展现了出来，如今人们把这座城市称为“白城”，将其列入《世界遗产名录》。

平遥古城

维也纳城市景观

库斯科古城鸟瞰

但是也有一些城市，在规划建设中抄袭、模仿、复制现象十分普遍，城市面貌正在急速走向趋同，导致“南方北方一个样、大城小城一个样、城里城外一个样”的特色危机。各地具有民族传统和地域特色的城市面貌正在消失，取而代之的是几乎千篇一律的高楼大厦，“千城一面”的现象日趋严重。这是清华大学建筑学院师生在外地调研时，拍回来的一些城市照片，但是在整理资料的时候，不是拍摄者本人，难以认出来它们可能是哪座城市。这是一组建在北京历史街区中的高层住宅建筑，当这组住宅建筑建成 6~7 年以后，我曾经去访问过这个社区的居民，人们已经开始有一些抱怨。老人说我们这栋楼房，50% 的窗户享受不到法定的冬至日满窗日照不少于 1 小时的健康卫生标准，因为附近高层建筑遮挡了住宅的阳光。年轻人说我每天早上上班时，都要把压在我的自行车前面的 6~7 辆自行车移开，才能把我的自行车取出来，再把别人的自行车放回去，才能骑车上班，因此，根本没有想象将来有可能购买汽车，即使有钱，也没有地方停放。人们说每天早晚乘坐电梯都十分拥挤。而且正是因为有了电梯，物业费就比附近那栋6层的住宅要高出3~4倍。也就是说仅仅才6~7年的时间，人们已经对自己的未来生活开始有所顾虑。这种现代塔林的景象已经成为越来越多城市的共同景观。人们对自己的城市越来越陌生，看到别的城市的照片，却感觉越来越熟悉。金陵饭店是一栋建设于六大古都之一南京市中心区的宾馆，30年以后，人们再找这座饭店在什么地方已经不太容易，周围建设了大量的超高层建筑。这是一张3年前照的照片，从图片中可以看到金陵饭店附近又正在建设一些高楼大厦，金陵饭店将更加难以寻觅。还有很多城市也出现了同样的问题，例如这是从日本东京市政厅向西拍摄的一张照片，也显得杂乱无章。

三是避免城市建设的失调。城市建设是为了创造良好的人居环境，既包括物质环境，也包括文化环境。城市规划则是合理配置公共资源，保护人文与自然环境、维护社会公平、弥补市场失灵的重要手段。我认为城市规划建设的根本目的不仅在于要建设一个环境优美的“功能城市”，而更在于建设一个社会和谐的“文化城市”。南京市就把环城的明城墙遗址进行了很好的修缮和合理利用，于是今天南京市民就有条件在明城墙遗址公园里面早晨锻炼、下午散步、晚上休闲娱乐。北京市在进行城市规划建设时，也发现了最后一段明城墙遗址，精心设计了一座带状遗址公园，保护了文物、改善了环境。澳门特区政府非常智慧地将历史城区中二十多组近代建筑群和十几个广场进行很好的组合，形成了一个充满历史文化气息的步行街系统。美国纽约曼哈顿正是因为有一个4平方公里的中央公园，在高楼大厦里工作的人们才获得了一片难得的绿荫。

集美学村

费城街景

但是一些城市在规划建设中缺少科学态度和人文意识，往往采取单一依赖土地经营来拉动经济增长的方式，导致出现“圈地运动”和“造城运动”。一些城市盲目追求变大、变新、变洋，热衷于建设大广场、大草坪、大水面、景观大道、豪华办公楼，而这些项目往往突出功能主题而忘掉文化责任。这是一座城市新建的广场，虽然是用“傻瓜”相机拍摄的照片，但是也足以看出广场的规模之大，但是看来看去，总觉得广场上缺少什么，就是缺少人的活动，我就问市领导为什么人们不到这里来，他说实际上这是和市政府大楼一起建设的广场，离居民区很远。这是一片大草坪，同样规模很大，但是看来看去大草坪上只有五棵小树，能为城市提供多少绿茵，多少绿量。这是一个大水面，建设在中部一座缺水的城市里，当时市领导怕我看不清水面的规模，就领我到市政府大楼上向下看，确实规模很大，是一个长方形的水池，短边就有350米。市领导还特别告诉我，这是“亚洲第一喷”呀！我跟这位市领导开玩笑说，可以组织一场市民游泳大赛，顺几百个泳道一齐往市政府办公楼游，他好像没有听出来是开玩笑，想了想说不好组织，因为水下有喷头。我问什么时候喷啊，他说周末喷。我在网上下载了很多城市的政府办公楼照片，但是要想从这些照片上分辨出某座办公楼可能在南方，或可能在北方，可能在东部，或可能在西部，则很难判断，那么如果要想确定某座办公楼属于那座城市，就更加困难，因为这些政府办公楼呈现同一个面孔，缺少个性，“千楼一面”。

四是避免城市形象的低俗。城市形象是城市物质水平和市民文化素质的综合体现，既表现出每一座城市过去的丰富历程，也体现了城市未来的追求和发展方向。美好的城市形象不仅可以实现人们对城市特色的追求和丰富形象的体验，而且可以唤起市民的归属感、责任感和荣誉感。很多城市都有市民引以为骄傲的纪念性建筑，例如值得罗马市民们骄傲的建筑——万神庙，它是古代建筑技术的杰出代表。维也纳的市民喜欢他们的金色大厅,他代表城市的文化形象。锡耶纳的市民喜欢城市中这座下沉式广场，几百年来，围合这座广场一圈的建筑，由不同文化素质、不同经济条件、不同职业背景的房屋主人，聘请不同的设计师，建造不同功能的房子，但是人们始终遵循着一定的规则，使广场呈现出和谐统一的景观，成为城市的客厅和市民喜爱的文化场所。因斯布鲁克的不同家庭都有自己的文化追求，也有自己对于色彩的理解，但是他们对于前面的水，对于后面的山，始终保持着一种尊重的态度。

但是一些城市已经很难找到这样层次清晰、结构完整、布局生动、充满人性的城市文化形象。不少中小城市至今还在模仿大城市，把高层、超高层建筑当成现代化的标志，寄希望于在短时间内能拥有更多新、奇、怪、特的建筑，以期改变城市的形象，结果使得城市景观变得更加生硬、浅薄和单调。奇怪吗？为什么越追求新、奇、怪、特，城市景观反而变得越生硬、浅薄和单调。殊不知当我们几百座城市的决策者，几乎在同一时间，热衷于通过国际招投标的方式征集建设方案，而热衷于投标的往往总是那几十家在中国“抢滩”的外国设计公司，而这些设计公司的年轻人，拿着已经在其他城市建造，或正在建造的建筑方案图纸和模型，奔波穿梭于各大城市，在对于所到城市的历史地理、自然环境、文化特色和市民追求几乎毫不知情的情况下，就用那些有利于吸引眼球的设计方案，来打动急于使城市景观有所变化的城市领导,结果屡屡中标。于是几年以后，相似造型的建筑在很多城市里拔地而起，就使“千城一面”的现象更为加剧。

大家如果去过重庆应该记得，在长江和嘉陵江汇流之处，有一个令人印象非常深刻的朝天门码头，高高的台阶、两侧的吊脚楼，形成独特的城市文化景观。当年很多人来到重庆，都是从朝天门码头进入城市。但是就在10多年前，为了建设朝天门广场，而把朝天门码头夷为平地，我觉得对于历史文化名城重庆而言，无疑是一场文化灾难。这样的情况在不少城市都曾发生过。不久前我在山东大学讲座时,曾经呼吁不要让类似济南火车站被拆除的事件再度发生。建筑学专业的师生都应知道济南火车站，它是一座独具特色的近代建筑,由德国建筑师设计。这位德国建筑师在临逝世前嘱咐他的儿子，每年都要到济南来维护火车站站房建筑上面的时钟，以保证时钟准时为市民报时，于是他的儿子每年带着工程技师到济南为火车站的时钟进行维护保养。那一年，他们来到济南，发现火车站建筑被拆除了，他们非常悲痛，表示永远也不会原谅作出拆除火车站建筑决定的城市领导。一次著名艺术家于洋先生到济南出差，当火车进站的时候，同事告诉他济南到了，他看看窗外说还没有到，济南有一个漂亮的火车站还没看到。当他得知火车站建筑已经被拆除的时候，老艺术家坐在座位上很长时间没有起来。为什么要拆除老火车站呢?理由是与新建的火车站建筑景观不协调，奇怪的是究竟谁在先，谁在后，谁应该与谁相协调，都没有搞清楚。“开放的陕西欢迎您”，看了西安机场的这则广告，百思不得其解。陕西是什么地方呢，周秦汉唐的都城，历朝历代积淀了多么深厚的文化内涵，有多少文化遗产给人们以文化震撼。而为什么偏偏要用这种曼哈顿式的高楼来欢迎来宾。同样在西安机场还有另外一则广告，“西安—曼谷，泰国欢迎您”，泰国的旅游公司倒知道用文化遗产大王宫的形象，欢迎陕西民众到泰国去看古迹，我觉得很滑稽。

五是避免城市环境的恶化。城市环境是城市社会、经济、自然的复合系统，城市环境与城市的生态发展密切相关，具有高度的敏感性。好的城市环境不仅可以保证人们的身体健康，而且可以激发人们的积极性和创造性。今天，研究城市环境的基点应该是如何使城市既宜人居住，又宜人发展。大家看这张照片，静静流淌的河水、两岸的绿草地、浓郁的树荫，构成一幅和谐的生态景观。这样的美景在我们很多城市越来越难以见到。不少城市不惜花很多钱、下很大功夫，将河道变成水槽，两边还要配上汉白玉或者青白石的栏杆，结果人为地把人与自然隔得很远。但是历史文化名城扬州，一直坚守着自己的文化理想，几十年来没有让一栋不和谐的建筑侵入古典园林瘦西湖的文化景观之中，今天人们对扬州的城市文化景观投以羡慕的目光。当我们出差到格拉茨，住在这个广场附近，我观察到当我们早饭以后出去开会，中午回来吃饭，下午再出去参观，晚上回来，广场上总是有人在活动，包括老人、孩子、青年人，不同时段有不同市民群体在这里休闲娱乐，我们感到城市广场就应该是城市中的一片绿洲。

但是一些城市以对自然的无限制掠夺满足发展的欲望，致使环境面临突出问题，空气污染、土质污染、水体污染、视觉污染、听觉污染，热岛效应加剧、交通堵塞加剧、资源短缺加剧，绿色空间减少、安全空间减少，人的活动空间减少。不少文化遗产地也出现了人工化、商业化、城市化的趋势。

这座城市沿着黄河布局，每次到这里都感觉楼房又长高了，楼房后面的山显得又矮了。这张照片照得不太清晰，但是沙尘暴来了就更不清晰了。如今光亮派的现代高层建筑，已经侵入到世界文化遗产颐和园的古典园林文化景观之中。遵义会议会址过去耸立于周围传统民居建筑之上，保持着当年的文化记忆，而今遵义会议会址成为这一地段最低矮的一栋建筑，被四周的高层住宅建筑所包围。这张照片是安徽宣城的全国重点文物保护单位广教寺双塔，却被违法建设了钢筋混凝土结构的现代寺庙，破坏了考古遗址，后经国家文物局和国家宗教局的查处，才得以纠正。这张照片是本来应该庄严肃穆，令人凭吊的秦始皇陵，但是一度每天旌旗招展、锣鼓喧天。

六是避免城市精神的衰落。城市精神是城市文化的重要内核，是对城市文化积淀进行提升的结果。城市精神的形成是一个长期的过程，并在历史上和现实中发挥着异常重要的作用。通过对城市精神的概括和提炼，可以使更多的民众理解和接受城市的追求，进而转化成为城市民众的文化自觉。澳门历史城区被联合国教科文组织世界遗产大会通过进入《世界遗产名录》的当天，从澳门民众的手中寄出了 20 万封明信片，上面骄傲地写道：澳门，一座文化城市！这是人们扬眉吐气的文化表达。因为长期以来人们把这座城市称为“赌城”，是一座博彩业发达的城市。而经过澳门特区和全体市民的文化坚守和积极保护，使这座城市凸显出文化特色。

这个高地是以色列的马萨达遗址，两千年前，当耶路撒冷已经被罗马兵团陷落以后，这里是犹太人固守的最后一个阵地，因为是皇家的夏宫，储存有大量的武器、粮食和水，970 名士兵和他们的家属在这里坚守了三年，最后弹尽粮绝，全军覆没。从此，犹太人开始上千年浪迹天涯的生活。以色列复国以后，把马萨达高地作为爱国主义教育基地，每个年轻人都要当兵，当兵都要到马萨达高地宣誓，誓词就是“不让马萨达再次陷落”。美国费城市精心地保护着这栋老建筑，把它开辟为纪念馆，因为在这座建筑里诞生了一部伟大的宣言，就是《独立宣言》。嘉兴的湖中有一座意义非凡的船，在这座船上诞生了中国共产党，今天成为爱国主义教育基地。在厦门，人们永远怀念为教育事业作出重要贡献的陈嘉庚先生，陈嘉庚墓、陈嘉庚祠，还有陈嘉庚先生捐资建造的“集美学村”，都得到了妥善的保护。

但是一些城市追求物质利益而忽视文化生态，在城市建设中存在盲目攀比、不切实际的倾向，实际上是重经济建设轻人文精神、重建设规模轻整体协调、重攀高比新轻传统特色、重表面文章轻实际效果，表现出对传统文化认知的肤浅，对城市精神理解的错位和对城市发展定位的迷茫。我在各地机场候机的时候，常看看机场广告，观察一座城市的文化氛围。在哈尔滨机场，看到一则广告词上写道“1907—2007，哈尔滨迎来第二座伟大建筑”，不难看出，1907 年哈尔滨的第一座伟大建筑是指这栋全国重点文物保护单位索菲亚教堂，那么 2007 年第二座伟大建筑是什么呢？难道就是这栋像“巧克力冰棍”一样的现代建筑？我就问市领导知道不知道城市中正在建造的第二座伟大建筑，他说不知道。再问规划局长，也说没有这个规划，应该让机场把这则广告摘下来。

这张漫画中的领导站在文物古迹中，指着远处的高楼大厦说“我们这里也要建成这样”。这张漫画中的老师站在高楼群中说“同学们，我们看日出的最佳时间是中午十一点到十二点”。这张漫画中前任领导说：“我盖过很多标志性建筑”，后任领导说：“我把你盖的标志性建筑都炸了”。这绝不是危言耸听，近年来每年冬季各地炮声隆隆，使用 20 多年的建筑被炸掉，使用 10 多年的建筑被炸掉，使用才几年，甚至还未使用的建筑有的也被炸掉。住宅被炸掉、办公楼被炸掉、宾馆也被炸掉，建筑爆破技术越来越好，很多能够继续使用的建筑，甚至是历史性建筑，顷刻之间变成了建筑垃圾。对于应该格外重视生态、环境、能源、资源，倡导“低碳生活”的今天，是一道道多么不和谐的景观。

七是避免城市管理的错位。城市管理是一项复杂的系统工程，应肩负起对未来城市的责任。我认为通过城市管理，不但要为人们提供工作方便、生活舒适、环境优美、安全稳定的物质环境，而且还要为人们提供安静和谐、活泼快乐、礼让互助、精神高尚的文化环境，这就需要以文化精神指导城市管理的意识。这也就是为什么我们当年期盼像中国社会科学院研究生院这样高品质的教育机构进入房山新城区，因为有利于提升城市的文化环境。

美国旧金山市在20世纪60年代在城市中心地区建设了一座高架桥，但是，由于这座桥的建设就把悠久的历史城区和美丽的海滩分隔开来，当地居民，特别是老人们不愿意跨过冰冷的高架桥下，再去海边晒太阳。后来地震了，这座桥被震坏了，是修复这座桥，还是拆除这座桥，市民们展开了讨论，绝大多数市民建议政府应该把这座高架桥拆掉，于是城市政府采纳了市民的意见，采取公交优先交通系统和步行道路系统，既更好地解决了城市交通问题，又使美丽的海岸、渔人码头回到了市民的生活之中。欧洲很多城市至今还在使用着这样的低耗能、大运量、环保、准时、方便、价廉的公共轨道交通，而没有盲目地采取拆除历史街道两侧的传统建筑扩建城市道路的做法，实际上在今天看来，这样的做法更有利于市民生活便利、历史街区延续、文化遗产保护和城市景观保护。

我曾在美国规划协会做过一次演讲，我谈到美国的城市规划建设曾经对其他国家，特别是发展中国家产生过很大影响，有好的影响，也有不好的影响。总体来说，美国的城市规划形态，可以分为大尺度的城市和小尺度的城市，大尺度的城市代表在东海岸是华盛顿，作为首都，追求壮阔的城市轴线和放射线景观，宽阔的道路系统。大尺度的城市代表在西海岸是洛杉矶，分布全城的高架桥系统。在这两座城市里没有汽车则寸步难行，没办法上班，没办法购物，甚至没办法生活。尤其是洛杉矶的市民，到了周末往往要驾车到郊区的大型超市，购物、餐饮、娱乐，回家之前一定会购买大量的食品，塞进汽车的后备箱，回到家里把冰箱装满，开始新的一周冷冻食品生活，因为在很多住宅附近没有方便的商业店铺。在美国，小尺度的城市代表，在东部是曼哈顿，在西部就是旧金山。这两处城市街道在规划建设时，机械地把城市空间划分为很小的网格状系统，例如第十一街、第五十八街、第八十七街、第一百一十街等，横平竖直，街道围合的街坊往往只有100米乘100米左右，没有宽阔的交通干道和景观大道，但是人们日常生活却感觉很方便，街坊四周都有就业岗位，不同业态形成各具特色的商业街。后来城市机动车不断增加，人们发现原来那些以高架桥为道路主体的城市往往堵车，而这些有着小尺度网格状道路系统的城市反而不堵车，因为可以组织很多种选择性强的单行路系统。北京经常堵车的一个重要原因就是路网太稀，仅仅靠拓宽道路解决不了交通问题。

但是很多城市在管理内容上重表象轻内涵，在管理途径上重人治轻法治，在管理手段上重经验轻科学，在管理效应上重近期轻长远，不能从更高的水平上寻求管理城市的治本之策，往往是问题已然成堆，才采取应急与补救的措施。我认为城市问题的病根在于城市管理缺乏长远的战略眼光，缺乏应有的文化视野。这张照片是“九曲十八弯”，实际上是一条盲道，盲人要沿着这条道走下去，一定会撞到电线杆或电话亭，但是它不是最危险的盲道，还有比它危险的，例如这个盲道，每走几步就会撞到树上一次，但是它也不是最危险的盲道，还有比它更危险的。大家看看这条盲道，盲人走过去不是会撞得头破血流，就是腿部骨折，这些盲道是典型的重表象轻内涵。这张照片是“城市梅花桩”，城市道路修得很宽，但是忘记将道路中间的几十根电线杆移走，于是市民每天无论是坐车，还是骑车，都要在电线杆中穿行。这张照片是“遮羞墙”，领导认为路边的民居建筑不好看，不是改善环境，而是建起一道长长的墙，将民居遮挡在里面，结果民众的出行变得更不方便。这张照片是“宽马路”，一条穿越历史城区的宽阔道路，因为它的建设拆除了大量历史街道和传统民居，为什么要建这条道路呢？一是说要解决商业，建一条繁华的商业街；二是要解决交通，使机动车穿行更加通畅。先说商业，这么宽的道路，连对面街道上商店的招幌、字号、牌匾都看不清，能成商业街吗？再说 50 米左右宽的交通干道怎么逛街呀！一位老人在报纸上写了一篇感想，说第二天因为有事要办，需要过这条道路，头天夜里就没有睡好觉，一直在想自己这么大年龄，如何才能穿过这条像大河一样的交通干道，这条交通干道还起名叫“平安大道”。再说交通，道路拓宽就能解决交通吗？解决交通拥堵关键在于完善的道路系统，特别是要避免大量的机动车穿过历史街道，更不能人为地将机动车引入历史街区。这张照片就反映出城市道路虽然很宽，但是交通仍然拥挤不堪。

八是避免城市文化的沉沦。城市文化是城市市民生存状况、精神面貌以及城市景观的综合形态，并与市民的社会心态、行为方式和价值观念密切相关。城市文化不断积淀形成城市的文脉。城市的文化资源、文化氛围和文化发展水平在一定程度上体现出城市的竞争力，决定着城市的未来。很多城市都有人们过目不忘的优秀雕塑，例如兰州的黄河母亲雕像、珠海的渔女雕像、厦门的郑成功雕像。

在外国也有一些城市拥有优秀的公共雕塑，例如维也纳的斯特劳斯雕像，芬兰的西贝柳斯雕像等，都体现出这座城市的文化特色。

但是一些城市面对席卷而来的强势文化，不是深化自己的人文历史，而是浅薄自己的文化内涵，使那些思想平庸、文化稀薄、格调低下的行为方式弥漫在城市文化生活之中，消解着人们对优秀传统文化的理解和继承。究其深层次原因是文化认同感和文化立场的危机。这张照片中北京四合院门前摆放着西洋雕塑，显得非常不协调。这张照片中的年轻人们穿着皇帝、太监、特务、伪警察的服装在繁华大街上照相，污染了城市健康的文化氛围。这张照片中的城市雕塑，是很多城市同类雕塑的代表，三根、五根钢柱、钢板上面，顶着三个、五个钢球，表达的是什么主题啊，走过去一看，也有名字，例如叫腾飞、跨越、崛起之类，实际上都是工厂成批加工的工业化产品的组合，反映不出城市的文化特色和市民的文化追求。这组照片分别是什刹海历史街区荷花市场入口处的星巴克标志、隆福寺传统商业街入口处的肯特基标志、西安鼓楼下面的麦当劳标志、华清池前面的柯尼卡标志。我们不得不佩服这些世界著名的商业品牌，一定要把自己鲜亮的商业形象打入其他城市的文化核心地段。但是我们的文化自觉呢？这则使用可口可乐的标识，制作“北京欢迎您”的宣传广告，就使广告的公益性质受到质疑。

1933 年国际社会诞生了一个非常著名的宣言，即被称为“功能城市”的《雅典宪章》，这部宪章产生的背景，是当时面对大工业时代的来临，很多欧洲城市出现了严重的“城市病”。例如环境污染、交通拥堵、犯罪率高，城市中心的居民纷纷逃离城市，向往乡村的自然环境，而来自农村的人口大量地涌入城市，在历史城区周边形成越来越大规模的贫民窟。面对这样的情况，一些规划学者、建筑学家、社会学家、历史学家聚集在一起，研究城市应该如何健康有序发展，当时得出的结论就是城市应该很好地解决居住、工作、游憩、交通等不同功能，方法就是在城市中划定不同的功能分区。

雅典城市景观

天安门

这样的城市规划理念迅速风靡全球，很多国家的历史性城市采取这样的方法编制城市总体规划。包括首都北京在内的众多中国城市，当时在苏联专家的指导下，也采取《雅典宪章》的功能分区理论开展城市规划编制。而且这样的城市规划方法延续了几十年。但是人们在实践中，逐渐认识到仅仅靠功能分区，是无法解决城市发展中诸多的复杂问题，而且带来更多深层次的矛盾和问题。

北京的历次城市规划方案，都有比较明确的功能分区，例如通惠河南规划为焦化、化工工业区，通惠河北规划为纺织、机械制造工业区，酒仙桥地区规划为电子工业区，西部石景山地区规划为钢铁、重金属、能源工业区，科学研究机构集中规划布局在北郊，大规模的仓库群和交通运输设施规划在南郊丰台一带，高等院校集中在西北郊进行建设，从八大学院到后来几十座高等院校集中布局，游憩设施主要在西郊地区。这样的规划建设带来什么结果呢？当时我住在西二环路的月坛附近，在北京东三环外郎家园的北京仪器厂实习，当装配钳工，每天早晨要骑一个多小时的自行车，迎着朝阳沿着长安街去东郊上班，但是并不寂寞，成百上千的人骑车同行，黑压压的一大片由西向东骑去，因为很多工作岗位都在东郊地区。下午干了一天的活以后，还要拖着疲惫的身体顶着夕阳骑车回家。学生们也很辛苦，乘 32 路公共汽车去上学，每辆车都挤得很满，往往都要在后面拼命推才能把门关上。

这些现象意味着什么呢？也就是作为一座大城市，机械地采取功能分区的规划原则，大跨度地布局生活、就业区域，致使人为造成城市中数以百万计的普通市民，每天早晚要花两个小时甚至更多的时间在往返工作岗位的路上。人为地造成交通拥堵、环境污染、人们的休闲时间减少、生活质量下降。由于过于功能化地看待城市生活，而不是以人为本，以人的需求和生活规律来规划和建设城市，造成诸多“城市病”的发生，后果一直持续到今天。为什么交通拥堵难以治理呀？其中一个原因就是没有及时采纳“跳出旧城、建设新城”的建议，不断地在北京旧城的空间上面叠加过多的城市功能，使历史城区不堪重负。历史空间得不到整体保护，新的建设也难以整体布局，使北京这座历史文化名城始终承受着巨大的建设压力。

那么在新的历史时期，应该采取什么样的理念规划建设城市呢？

第一，城市文化构建和谐城市。城市文化是社会文明在城市的缩影，是社会和谐在城市的集中表现。以人为本和科学发展观，既是治国的谋略，更是城市文化的精髓，是实现社会和谐、诚信、责任、尊重、公正和关怀的保证。将这一文化精髓贯彻到各项建设之中，才能实现城市文化和经济发展的良性循环。

今天，很多城市在坚守着自己的文化理想，例如威尼斯这座城市的市民，几百年来没有让一辆机动车驶入自己的城市，保持着自己城市的独特风貌，如今每天迎来来自世界各地游客羡慕的目光。维也纳经常将城市的中心广场在一段时间里交给市民举办各类文化活动，甚至在纪念“二战”胜利的日子里，允许市民们在广场上开辟一小块田地来回忆战时那段最艰难的时光。罗马的城市广场永远是艺术家和喜爱艺术的市民们学习的课堂。拉瓦格市的一些老人，将社区内一栋对于他们生活记忆有着特殊意义的老房子抢救下来，把家中保留下来的家具、文具、工具、农具等搬到这里面，在大房子里面还盖了一座过去居住过的竹楼，老人们在竹楼里面弹着吉他，唱着儿时的歌曲，其乐融融。当这些老人们在这里享受快乐时光的时候，人们惊喜地发现小学生、中学生放学以后，最喜欢去的地方就是这栋老房子，在这里面看过去各个家庭曾经使用过的东西，听老人们讲故事，看老人们欢乐地唱着儿时的歌曲、跳着儿时的舞蹈，无形中实现了一种文化传承。

适宜居住是和谐城市的重要特征，将和谐城市的目标定位于宜居城市，体现了城市建设发展从“以物为中心”向“以人为中心”的转变。功能城市的最大问题就是“以物为中心”，而没有“以人为中心”。强调“以人为中心”就是不再片面地追求形象，而是更关心文化的发展、关心人的发展成长，重视和发挥人的作用。这就对城市管理者和决策者提出了更高的要求。一座城市应该有年轻人热情奔放、焕发活力的地方，但是也应该有老年人安度晚年的场所。今天城市中的老年人们，不愁吃、不愁穿，但是他们也有苦恼，就是在孩子离家上学上班以后，那八九个小时的寂寞时光，如今住在高楼大厦里，认识邻居变成一件很困难的事情，邻里之间不易交流。因此，应该在社区中建设更多能使老人们享受快乐聚会的空间。

城市应该保留丰富的文化记忆。不同时代文化遗址在城市空间中的叠加，使城市文化空间更加充满魅力。广州在城市建设中发现了一条宋元时期的古道，人们没有将它填埋，而是进行了保护性展示，使人们今天可以同时在古代的街道上和现代的街道上漫步。维也纳在修建城市中心广场时发现了一片古代遗址，于是就在广场中央原地进行保护展示，每一位来到广场的旅游者，都通过考古遗址的展示说明来了解这座城市的历史。索非亚在建设城市中心区的道路时，在道路中央发现了一座小教堂遗址，他们没有将其铲平，也没有将它移走，而是智慧地在道路中央建立了一座小博物馆，同时道路经过渠化设计处理，也没有影响城市交通的通畅，使这座道路中央的博物馆，成为世界上独具特色的博物馆建筑之一。

第二，文化竞争力决定城市竞争力。城市竞争力是一个综合概念，既包括经济竞争力，也包括文化竞争力。当前文化竞争力的影响与作用越来越突出，成为推动城市可持续发展的重要力量。我认为在物质增长方式趋同、资源与能源压力增大的今天，城市文化将成为城市发展的驱动力，体现出更强的经济社会价值。

刚才谈到当人均国内生产总值在 8 000 美元以下的时候，家庭支出结构主要用于住、行，即买房子、买汽车。但是当人均国内生产总值在 8 000 美元以上的时候，家庭支出结构又会出现新的变化。从一些国家、一些城市的发展趋势看，可能会出现五种变化趋势。第一个方面的变化是，人们用于文化消费的投入将持续增加，例如业余时间经常去看话剧、芭蕾舞，听歌剧、交响乐，去博物馆，去美术馆，去图书馆，时间和资金等方面的投入都会增加。第二个方面的变化是，人们用于健身消费的投入将持续增加，更加关注自己的身体健康，会经常到体育场馆锻炼，参加各类运动会、健身运动，踢足球、打网球，甚至打高尔夫球。第三个方面的变化是，人们用于旅游消费的投入将持续增加，越来越多的家庭加入旅游大军，到别的城市去看一看，甚至到别的国家去看一看。第四个方面的变化是，人们用于收藏消费的投入将持续增加，开始购买一些不是家庭生活必需，但是自己喜欢的东西，甚至文物艺术品的收藏。第五个方面的变化可能更高一个层次，就是慈善事业，帮助别人，帮助有困难的人们，从事志愿服务，捐资助学等。目前，我国东部很多城市的人均国内生产总值已经超过 8 000 美元，北京、上海等城市已经超过 10 000 美元，上述家庭支出结构的变化非常明显，也正是在这种趋势下，包括故宫在内的很多世界文化遗产地，都出现人满为患、车满为患的情况。面对经济社会发展的大趋势，需要因势利导，增加城市的文化竞争力，避免城市文化危机发生。

目前，一些城市在努力挖掘自己的文化内涵，例如当我们来到波恩的时候，就发现虽然离贝多芬故居还有好几个街区，但是在地面上、在墙面上就可以看到很多故居的标志，引导你不知不觉地就会走向音乐大师的故居。肯尼亚是一个自然风光和野生动物资源非常丰富的国家，但是近年来他们也在注意挖掘自己的文化资源，例如卡伦故居就被介绍给每一位参观者，使人们更深入地了解非洲文化的魅力。云南腾冲对艾思奇故居进行妥善保护，并且开辟成纪念馆，成为每一位初到腾冲的参观者都要光顾的文化场所。这种文化软实力能够使人们潜移默化地接受文化价值观。当今经济活动依靠的是文化内核，科研创新依靠的是文化造诣，生产管理依靠的是文化修养，技术掌握依靠的是文化素质，更重要的是依靠民族的文化精神，文化对经济社会的发展起着越来越重要的作用。

这张照片是佛罗伦萨，当我们来到这座城市的时候，他们不是急于把我们领过古桥，去看那些教堂、美术馆和城市雕塑，而是反过来把我们领到对面山坡上的观景平台，甚至给我们提供了一杯免费的咖啡。当我们喝一口咖啡，举目一望的时候，才理解了他们的良苦用心，也感受到佛罗伦萨城市管理者的智慧安排，原来在这个地方可以看到佛罗伦萨最美丽、最壮观的城市风貌，最能感受到他们城市的文化特色。近年来，很多城市将文化设施建设纳入城市文化景观综合设计，例如去年我参观了芝加哥艺术博物馆，在这座新建成的博物馆的一些展厅中，背光一面设计了落地窗户，将室外风景大胆地引入博物馆室内空间，形成一种文化互动，这个展厅面向著名的“千禧年广场”，人们在观赏展厅内毕加索的名画时，窗外背景就是市民们引以为骄傲的城市文化景观。

佛罗伦萨历史中心

吴良镛教授针对我国历史性城市进行长期研究，总结国际城市发展的经验教训，结合旧城保护的实际而提出了“有机更新”理论，这张照片反映的就是“有机更新”理论在北京菊儿胡同住宅工程中的实践，在设计中充分尊重北京地区的自然环境、街巷肌理、居民意愿，采用适当规模、合适尺度，依据改造的内容与要求，妥善处理目前与将来的关系，取得了很好的实施效果，也受到了国内外广泛关注和高度评价。在格拉茨的这座小山坡上，可以俯瞰到山坡下面的居民社区，于是人们将这个社区的系列历史照片制作在座椅的背板上，展示给市民，使人们在坐下来休息之前，就可以首先看到城市历史变迁的图片。

第三，城市文化创新引领城市文化方向。我认为当前城市不仅面临城市文化遗产保护不力的问题，同时也面临着文化创造乏力的问题。如果丧失保留至今的文化遗产，将失去城市文化记忆，但是没有新的文化创造，城市将迷失方向。城市文化必须承载历史，反映城市文化积淀，城市文化也要反映城市现实，展现城市文化内核，城市文化还要昭示未来，才能反映城市文化创造。

正因为如此，欧洲的很多城市才精心地保护着古罗马时期的剧场，并将保护成果融入人们的现代生活，使这些古罗马剧场至今仍然是最高雅的艺术殿堂。北京天安门广场附近有一座老火车站，是城市记忆的重要载体。但是，这座历史建筑一度用于销售家用电器、服装、食品，旅游工艺品也充斥其中，如今定位为中国铁道博物馆，使这座历史建筑发挥出应有的功能。宁波也将一座面粉厂，改造性再利用为图书中心，包括昔日面粉厂的仓储罐、烟囱等设施也都派上了新的用场。维也纳将一组已经废弃的天然气罐进行保护性再利用，使其成为一座社区文化中心，工业遗产的创新利用，吸引着来自世界各地的参观者。

城市文化不是化石，化石可以凭借其古老而价值不衰，城市文化是活的生命，只有发展才有生命力，只有传播才有影响力，只有具备影响力，城市发展才有持续的力量。所以城市文化不仅需要积淀，还需要创新。只有文化内涵丰富、发展潜力强大的城市才是魅力无穷、活力无限的城市。

在众多历史性城市中都有很多历史积淀深厚的古代遗址，但是长期以来，这些重要的考古遗址，在城市生活中被逐渐淡忘，甚至沦为对城市生活造成负面影响的地区。北京在举办 2008 年奥运会之前，北京市社会科学院曾组织过一次“城区角落”调查，出版了《北京城区角落调查》一书。看了这本书，心情很不好，因为报告中将造成北京城区存在一些脏、乱、差地区的情况，归结为七种原因。

其中第一种原因叫“文物保护型”，意指因为保护文物建筑和考古遗址的原因，这些地方就仿佛被冻结，不能有尊严地融入城市生活，逐渐沦落为城市中脏乱差的地方，不断遭到自然与人为的破坏，实际上在很多历史性城市都出现和发生过同样的情况。

为了改变这种状况，我们开始调整保护思路，努力使这些文化遗产成为城市中有尊严的地方、最有文化气息的地方，使这些考古遗址所揭示的文化信息能够融入人们现实的文化生活。于是在进入21世纪之初，北京市陆续实施了皇城根遗址公园、明城墙遗址公园、菖蒲河遗址公园、元大都城墙遗址公园、莲花池遗址公园等，一路走来，开始实施保护和整治任务更为艰巨的圆明园遗址公园。圆明园遗址内曾经居住着1 000户左右的居民，当年福海地区整治，安置了400多户居民，此次又安置了居住在西部区域的600户居民，特别是搬迁了13个单位，逐步恢复了圆明园的历史风貌。

2003年开始启动了位于东北地区的高句丽遗址公园的建设。那年春节期间，我们来到辽宁桓仁和吉林集安的高句丽遗址时，这些考古遗址掩埋在杂乱无章的乡镇企业房屋、库房和民居建筑中，整治的难度确实很大，但是经过将近一年多时间的保护整治，两座大型的高句丽考古遗址公园得以建成，并且得到了联合国教科文组织的赞许，成功列入《世界遗产名录》。今天人们来到桓仁和集安的高句丽遗址，就会感受到一种非同凡响的文化气魄。2004年又开始了殷墟考古遗址公园的建设，这座考古遗址公园建设的难度在于，3 000年前殷商文化遗存早已掩埋在村庄和农田之下，而不像高句丽遗址那样地面还有城址、居住址和墓葬址等文化遗存。如何才能够揭示出这些考古遗址的历史文化信息，使人们能够流连忘返地在考古遗址公园里感受历史，享受文化。为此做了大量细致的保护研究工作，采取了30多种保护展示方法，实现在不伤害考古遗址的情况下，揭示出甲骨文、青铜器出土地点的大量文化信息，给予人们在现场才可以感受到的文化震撼。同时，在遗址边缘的河岸地下建设了殷墟博物馆，将80年来考古出土的文物，集中进行展示。这些努力也成功了！殷墟也于2005年成功列入《世界遗产名录》。在上述实践的基础上，开始在更多的历史性城市进行大遗址保护和考古遗址公园建设。例如在鸿山考古遗址、金沙考古遗址、隋唐洛阳城遗址等地开展了进一步的实践，使考古遗址不仅是考古研究独享的地方，而且同时将它们融入到现代生活之中，给人们带来知识和文化享受。

大明宫是盛唐时期中国的政治中心和文化中心，但是在唐朝末年大明宫被烧毁以后，逐渐成为一片荒凉的土地。20世纪30年代末、40年代初，河南黄泛区的老百姓生活不下去，大量逃荒的人群来到西安城下，没有本钱进城，人们看到了城墙以北这片荒凉的土地，于是就在上面搭棚建屋，打井造田，开始定居下来。实际上这里就是大明宫遗址。1961年，大明宫遗址成为第一批全国重点文物保护单位，但是由于缺少整体保护考古遗址的措施，只能严防死守，然而遗址上面的居民越聚越多。由于遗址保护的要求，居住在遗址上的人们生活十分困难，十几户居民共用一个洗手间，几户居民共用一个水龙头。大明宫遗址位于陇海线以北，因此被称为“道北”地区，西安三分之一的“城中村”曾经集中于此，成为西安亟待整治地区的代表，环境污染、交通拥堵、犯罪率高等问题，长期困扰着居民，人们的生活没有尊严，他们脚下的遗址更没有尊严，破坏遗址的现象时有发生。近年来，西安的其他地区相继发展了起来，西安的南部本来就有大雁塔、小雁塔等名胜古迹，有高等院校，后来又建设了一些旅游设施。西安的西部、东部因为住宅区、高新科技园区等的建设都出现了新的气象。而唯有北部地区因为有大明宫遗址、汉长城遗址等考古遗址的存在，一直是城市环境中最脏、乱、差的地方。在这种情况下，2005 年大明宫遗址的第一座大殿含元殿遗址保护展示工程竣工，我们去验收时，西安市领导被含元殿遗址所展示出来的宏阔气势所感动，希望每一位来到西安的游客，都能够看到什么是盛唐时期的伟大建筑。但是当时含元殿遗址周围挤满杂乱无章的房屋，不具备开放的基本条件。于是，西安市希望国家文物局同意并支持对含元殿遗址前广场进行保护整治，揭示大明宫的正门丹凤门遗址和御道遗址，形成含元殿遗址广场。在含元殿遗址广场的建设过程中，得到了当地民众的热情支持。特别是在拆迁的过程中，当地民众送来茶水、水果、点心，令人十分感动。这是因为几十年来当地民众深受考古遗址保护之苦，由于保护需要对于生产生活的限制，使当地民众的人均收入与遗址区外民众的人均收入差距越来越大，生活越来越不方便。现在因为遗址保护的需要，他们搬离了大明宫遗址，就在遗址公园附近得到安置，当然十分高兴和感动。实际上，如果将考古遗址视为城市发展的包袱、负担、绊脚石，它就会蓬头垢面地爬在那里，影响人们的生活和城市的环境。但是如果将考古遗址视为城市发展的财富、资源、原动力，它就会光彩照人地站立起来，为城市带来文化骄傲，为地区带来文化震撼，为民众带来文化享受。

2008 年，西安市下决心将整个大明宫遗址建成考古遗址公园。大明宫遗址规模很大，占地规模是北京故宫的数倍，达 3.2 平方公里，上面居住着 10 万人，遗址上面占压着 350 万平方米的各类建筑，考古遗址公园建设的难度可想而知。首先编制了大明宫遗址公园规划，在规划中将大明宫遗址公园和周边 19.6 平方公里的土地整体规划，并进行了重点宣传。一是西安北部地区将出现一个最有文化气息的大型遗址公园。二是遗址公园附近的城市用地将是升值潜力最大的用地。在遗址公园中考古遗址永远是主角，在考古遗址公园内不应复建，也不能进行新的建设。但是考古遗址公园对于城市环境的带动作用十分明显。不足一年时间，大明宫遗址公园周围城市建设用地全面升值。一年间就从每亩 50 万元，提升至每亩 250 万元，后来又升值到每亩 400 多万元。城市获得大量收益，也获得了银行的贷款。于是一次性投入 80 亿元，使 10 万民众在一年间迁出大明宫遗址，拆除了 350 万平方米的不合理占压考古遗址建筑，其中包括 150 万平方米的城中村、100 万平方米的棚户、60 万平方米西北地区最大的建材市场，还有 87 个企事业单位的 40 万平方米建筑。这是一次大规模的文化遗产抢救行动，这是人类文化遗产保护史上的奇迹。特别令人感动的是，现场的五个拆迁办公室都被锦旗铺满，表达出人们发自内心的感谢之情。由于当地民众搬迁安置地点距大明宫考古遗址公园仅一步之遥，深受当地民众的拥护。

2010 年 9 月底，一个气势磅礴的大明宫遗址公园正式开园迎客。我认为大明宫遗址公园的建设获得五个方面的成果。一是考古遗址公园的建设使大明宫遗址得到长治久安的保护；二是考古遗址公园的建设带来当地民众生活的改善；三是考古遗址公园的建设为城市增加了一处大型文化设施；四是考古遗址公园的建设促进了当地经济社会的发展；五是考古遗址公园的建设使西安古都风貌进一步得以彰显。

为了使更多拥有大型考古遗址的城市，能够了解考古遗址公园建设的意义和方法，于是国家文物局在西安召开了“大遗址保护高峰论坛”，12 个城市决策者参加了会议，听过情况介绍，看过考古遗址公园现场，他们在下午的论坛上纷纷表态，也要让自己城市中的考古遗址变成拥有尊严而且美丽的地方。此后一批大遗址保护项目在全国各地展开，国家文物局公布了 12 座国家考古遗址公园，同时数以百计的大遗址保护和考古遗址公园建设项目同时在全国各地实施，伴随考古遗址公园的实施，建设了越来越多的遗址博物馆，例如汉阳陵遗址博物馆、良渚遗址博物馆等。

通过大遗址保护和考古遗址公园建设实践，我们得出三点体会：一是新时期文化遗产应该拥有尊严，今天这些书画、铜器、玉器、瓷器等可移动文物，已经被人们认识到其对于现实生活的文化意义，精心加以保护。这些古代建筑、考古遗址、历史街区、历史村镇等不可移动文物，也应该使广大民众认识到其对于现实生活的文化意义，使它们成为城市中最美丽、最令人向往的地方，给人们带来精神愉悦和文化灵感的地方。只有这样，文化遗产才能拥有尊严。二是文化遗产事业应该融入经济社会的发展，不能仅仅把文化遗产保护看作专业部门、行业系统的工作，而应该为更多部门和社会民众所理解，通过一项项保护实践的成果，使文化遗产保护成为促进经济社会发展的积极力量。三是文化遗产保护成果应该惠及广大民众，只有当地民众从文化遗产保护的实践中，获得实实在在的切身利益，他们才会倾心地拥护、支持、监督、参与文化遗产保护，文化遗产保护成果也才能更大限度地惠及民众。也就是说，通过保护行动使文化遗产拥有尊严，有尊严的文化遗产才能融入经济社会发展，融入经济社会发展文化遗产保护成果才能更好地惠及民众。这是文化遗产保护的良性循环。否则一些文化遗产的突出价值长期得不到社会认知，缺乏应有的文化尊严，沦为城市中脏、乱、差的地方，当地政府也把这些文化遗产看作经济社会发展的绊脚石，当地民众也因为保护不力而深受其扰，如此就不是良性循环，而是恶性循环。因此，文化遗产保护必须积极争取良性循环，避免出现恶性循环。

正是因为文化遗产保护实践的深入，特别是保护理念的转变，在国家文化遗产保护投入方面也出现了积极变化。2008 年国务院发展研究中心在给各个行业系统编制蓝皮书的同时，第一次编制了《文化遗产蓝皮书》。蓝皮书从经济社会角度对文化遗产的发展状况进行分析。以往我们仅从文化建设、社会效益等角度评价文化遗产事业发展，而很少从经济角度进行分析和评价，更避免谈经济效益。此次《文化遗产蓝皮书》也从经济角度对文化遗产事业发展角度给予分析，读了这本蓝皮书以后感到出乎意料。《文化遗产蓝皮书》显示："经计算，'十五'期间全国文物系统财政拨款仅占同期 GDP 的 0.018%，而同期全国文物系统对国民经济贡献占 GDP 的 0.143%，文物系统对国民经济贡献是同期财政投入的 8.1 倍，即文物系统财政投入 1 元给国民经济所带来的产出为 8.1 元"。《文化遗产蓝皮书》特别说明，上述对国民经济的贡献不包括餐饮、宾馆、交通等方面的效益，仅文化遗产保护自身对国民经济的贡献就是每投入 1，产出 8.1。如此看来，今天还有什么既环保，又低碳的事业，能够产生出像文化遗产保护这样的经济社会效益。这个结论出来以后，国家对于文化遗产保护的投入情况也发生了很大变化。2002 年我担任国家文物局局长当年，国家对于全国文物保护投入的专项经费是 2.5 亿元。那时北京每修建 1 公里地铁，需要投资 6 亿元，也就是说当时用于全国文物保护的专项经费还不够修建半公里地铁。随后 2006 年专项经费为 7.65 亿元，2007 年为 11.44 亿元，2008 年为 25.2 亿元。此后 2008 年《文化遗产蓝皮书》面世，于是 2009 年全国文物保护的专项经费达到48.6亿元，2010年达到97.7亿元。接着是编制文化遗产保护“十二五”规划，在申报财政预算时，我们还有一些计划经济时期的惯性思维，就是考虑多申报一些，即使被压缩一些，还可以多保留一些。于是向财政部申报了600亿元的项目，向发展改革委申报了400亿元的项目，加上向其他部门申报的项目，总申报经费数额超过1 000亿元。但是万万没有想到，申报财政部的600亿元项目经费，一分钱都没有，全被压缩了，执行预算成为很困难的事情。于是我们奔波于各省、自治区、直辖市和各个城市，拜访主要领导和主管领导，述说该地区文化遗产资源的丰富性和独特性，以及在该地区经济社会发展中不可替代的作用，希望能够提升文物保护部门层级，健全文物保护部门机构，增加文物保护部门编制，同时表示国家文物部门将全力支持该地区、该城市文化遗产事业的发展与进步。使各地领导既看到文物保护的重要意义，也感受到文物系统不断增长的工作实力，在这种情况下，不少地方为文物部门解决了工作级别、机构和编制，使各地文物部门保护经费和工作队伍都得到基本保障。

2005年，《国务院关于加强文化遗产保护的通知》发布，这是我国第一次以“文化遗产”为主题词的政府文件。我们知道，从20世纪50年代到90年代，国务院曾经多次发布关于加强文物保护的通知，例如1956年的《国务院关于在农业生产建设中保护文物的通知》、1974年的《国务院关于加强文物保护工作的通知》、1980年的《国务院关于加强历史文物保护工作的通知》、1987年的《国务院关于进一步加强文物工作的通知》、1997年的《国务院关于加强和改善文物工作的通知》等，也就是说每当全国文物保护事业发展的关键阶段，国务院都通过发布通知的形式，推动全国文物事业的健康发展。但是，此次国务院的通知中，通篇使用的是“文化遗产”一词，我们意识到开始了从“文物保护”走向“文化遗产保护”的历史性转型。也许有人说，文化遗产并不是新的词汇，过去也曾使用过，因此“文物保护”与“文化遗产保护”并没有什么不同。真是如此吗？通过实践我们认识到，“文物保护”与“文化遗产保护”，无论在内涵方面，还是外延方面，都有很大不同。在文化遗产保护的内涵方面，更加注重世代传承性和公众参与性，在文化遗产保护的外延方面，保护范围不断扩大，呈现出若干新的发展趋势。

世代传承性，就是强调文化遗产的创造、发展和传承是一个历史过程。我们祖先的文化创造，经过历代传承，到达我们手中，我们还要将其完整地传给未来世代，每一代人都既有分享文化遗产的权利，又有承担保护文化遗产的责任。因为，我们每一个人在历史的长河中都是瞬间存在，作为当代人，并不能因为现时的优势而有权独享文化财富，更不能利用我们手中掌握的工作机会，而随意处置祖先留下的文化遗产。未来一代人今天还没有出生，他们还没有机会接触这些文化遗产，但是他们日后同样有权利与历史和祖先进行情感和理智的交流，从文化遗产中吸取智慧和力量。正因为如此，我们应该利用一切机会，不遗余力地将文化遗产知识努力传播给下一代青少年，使他们从小就热爱文化遗产，与之产生影响终生的情感联系，并争取更多的年轻人加入到文化遗产保护的行列。

公众参与性，就是强调文化遗产保护不是各级政府、文物部门和文物工作者的专利，而是每一个人都有的权利和责任，是广大民众的共同事业。必须尊重和维护民众与文化遗产之间的关联和情感，保障广大民众的知情权、监督权、参与权和受益权。只有当地居民倾心地持久地自觉守护，才能实现文化遗产应有的尊严，有尊严的文化遗产才具有强盛的生命力。

这张照片是在文物考古工作中司空见惯的场景，当在某地发现地下文化遗存，考古工作者及时进入考古遗址现场；当发现出土文物，就及时用彩条布将考古工地围合起来；当有珍贵文物出土，开始申请武警站岗。在考古工地里考古工作者默默无闻地辛勤工作，风餐露宿，披星戴月，一丝不苟地用小刷子、小铲子进行科学严谨的考古作业，对揭示出来的文化信息，进行提取、绘图、摄影，当珍贵文物出土，小心翼翼地进行现场保护，悉心加以包装，送到考古研究单位或博物馆。三年五载的漫长岁月之后，考古工作结束，又负责任地恢复地平，拆除围栏，撤掉岗哨，一切归于平静。但是在这么长的考古工作时间里，有谁想到过这个地点揭示出来的灿烂文化现象，这个地点出土的珍贵文物，与附近的村庄，与当地的民众，有什么地缘、血缘、亲缘、法缘、情缘方面的联系？有谁想到过应该将考古工作的成果向当地民众进行说明？有谁想到过此次考古工作将给当地民众带来怎样的文化骄傲，给他们的子孙后代带来怎样的对家乡故土的眷念情感？很少有人想到。人们往往将这些考古研究工作视为部门的、行业的、系统的、专业的工作，与现实生活无关，与当地民众无关。事实上，当地民众对家乡这块土地的历史和文化非常重视。例如我们在山西的一处考古现场看到，考古工地周围聚集着很多当地民众，人们关心家乡的土地上发生的一切，于是考古研究部门制作了展板，将考古发掘成果的价值，考古研究的工作计划，以及此次考古工作对当地村庄的意义告诉民众。面对祖先的文化创造村民们非常骄傲，奔走相告，表示要自觉保护考古现场，配合考古工作，因为这里不仅是国家的骄傲，也是村庄的骄傲、自己的骄傲。

实际上，广大民众对自己家乡的悠久历史和祖先的文化创造有着深厚的感情。我讲两个当地民众保护家乡文化遗产的故事。

第一个是宝鸡农民保护出土文物的故事。2003 年 1 月 19 日，一个阳光灿烂的冬日，下午 4 点半，在陕西宝鸡眉县杨家村，5 个农民在村北的坡地上生产劳动取土，一位农民一镢头下去挖出一个洞口，往里面观望，发现是几件大铜鼎。他激动地说："是宝物！""是大货！"。原来他们发现的是一个装满青铜器的窖藏。他们商议"这事不能传出去，如果让看到的人多了，会发生哄抢"，"文物是国家的，这次在咱 5 个人手上不能丢"，"听候上面来人处理最好"，于是他们用土块把洞口封堵严实，保护了窖藏的原状。4 个人在现场守候，1 个人回家打电话报告市里文物部门。一个多小时后文物工作者赶到现场。经过考古工作者清理现场，从里面取出 27 件西周时代的青铜重器，件件都有铭文，其中一件青铜器逨盘上共有铭文 372 字，记录了 12 代周王的相关历史，经过考古学家、历史学家、古文字学家等对其所做全方位的研究，成为对于当时的夏商周断代工程非常重要的学术支撑，被誉为"21 世纪重大考古发现之一"。

一个多月以后，我们将 5 位农民和他们保护下来的 27 件青铜器请到北京，在中华世纪坛举办了"中国宝鸡——21 世纪重大考古发现首展"。消息传来，两会代表争先恐后前来参观。开幕式上来了很多领导和两会代表，谁来为展览剪彩呢？我们首先想到最有资格的是发现珍贵文物并上缴国家的农民们，于是就请 5 位农民为展览剪彩。为了表示感谢，晚上我们请 5 位农民吃饭，大哥王宁贤说要代表几位兄弟感谢国家文物局，我说正是因为感谢你们发现文物主动上缴国家，才请你们吃饭。王宁贤说，我们兄弟几个过去去过的最大城市就是眉县，连宝鸡都没有去过，这次我们来到北京，还让我们为展览剪彩，感到非常光荣，全村人都知道了，说我们做了光荣的事情。我说你们还可以到罗马、到巴黎去看看，那里也保护展示着大量出土文物。后来5位农民去了欧洲，报纸也进行了报道，在欧洲人们把他们当作保护文化遗产的英雄，就连坐出租车都不收钱，他们自己也感到非常骄傲。

这样5位农民保护文物的事迹得到广泛宣传，奇迹就发生了。同样在宝鸡地区，在5位农民保护文物的事情发生之后的4年间，又涌现出11批农民在生产劳动中发现珍贵文物，主动上缴国家的事迹。共捐献出以青铜器为主的出土文物400多件，琳琅满目，可以充满一座博物馆。于是我们又在首都博物馆举办了“陕西宝鸡农民保护文化遗产成果展”，请12批保护出土文物的农民代表带着绶带为展览剪彩。农民代表们非常兴奋，一位农民代表说，展柜里一字排开的5件青铜器鼎，都是在他家的院子里发现的，那天在院子里取土时发现了一件青铜器，取出来以后下面还有一件，再下面还有，于是一共发现了5件青铜器鼎，结果房子的墙角就被挖坏了，政府部门的人来了，感谢保护文物上缴国家，并说给修缮房屋，现在已经等了一年多了，也没有人来修房子。我听了以后赶快告诉该市领导应该言而有信，及时帮助农民兄弟修房。他们多可爱呀！出土青铜器多么值钱，那是国家的，应该上缴，而房子是自己的，政府说来修，我就耐心等着。后来市里很快派人修缮了房屋。在人民大会堂举办的表彰大会上，文物专家和各地文物工作者代表向农民兄弟报以热烈的掌声。的确，一次次令人兴奋不已的，不仅是那些出土面世的稀世珍宝，更是这些朴实无华的护宝农民群体，是他们的高尚行为铸就了震撼人心的“宝鸡农民护宝精神”。

去年我再次到宝鸡眉县杨家村，参加“十一五期间陕西省群众保护文物先进个人表彰大会暨杨家村群众保护文物碑揭碑仪式”，省文物部门告诉我2007年以来，陕西全省出现了更多当地民众发现文物主动上缴文物部门的事迹，上缴文物数量已经达到上千件。陕西是中国传统文化的发源地。在这块神奇的土地上，从古至今出土的大量精美至极的珍贵文物，所体现的是厚德载物、自强不息的民族精神。今天，这些可敬可赞的农民护宝行动，反映的正是当民众感受到家乡悠久灿烂的文化传统，了解到国家保护文化遗产的法律之后，所形成的自觉自愿的保护意识和无私奉献的高尚情操。

第二个是黎平农民保护地坪风雨桥的故事。黎平县地坪乡是一个非常贫穷的侗族的山乡，2004年的农民人均纯收入只有700元。但是村庄里有一座非常美丽的风雨桥，被列为全国重点文物保护单位。2004年7月20日那天下午天降暴雨，一场百年不遇的洪水从上游咆哮席卷而来，地坪风雨桥在风雨中摇摇欲坠，村民们就从家里取来绳子、铁丝，试图捆绑风雨桥，不让它被洪水冲垮，但是根本无济于事，一个巨浪打来地坪风雨桥轰然倒塌了。就在风雨桥倒塌的瞬间，在场的124名侗族的小伙子们齐刷刷地跃入洪水，顶着暴雨、冒着巨浪，拼死地打捞家乡风雨桥的构件。三天三夜，从贵州一直打捞到广西，沿途告诉两岸村庄的村民，上面漂下来的木材是我们家乡的风雨桥，我们不能没有风雨桥，我们要把这些材料运回去，要把地坪风雨桥重新修复起来。之后在政府的帮助下，用了十多天时间，把他们抢救下来的这些风雨桥构件运回了地坪乡。经过清点，28根地坪风雨桥上的大木构件一根都没有少，73%的地坪风雨桥构件回到了原地，国家文物部门给予200余万元的补助，使地坪风雨桥得以重建。

2006年2月，我去黎平县地坪乡参加地坪风雨桥修复工程开工仪式时，看到全乡民众载歌载舞，场景十分感人。我问村里的老人们，村民和风雨桥为什么有如此深厚的感情，当风雨桥被洪水冲垮的瞬间，没有人组织，也没有人呼唤，村里的这些年轻人就能够奋不顾身地跃入洪水，抢救风雨桥的构件，很多人为此而受伤，上演了一幕我国文化遗产保护史上的壮举。老人们告诉我，地坪风雨桥连接着上寨村和下寨村，这里一共生活着1 500余位侗族民众。风雨桥既是交通要道，也是他们休闲、节庆的场所。当地人以此为自豪，把它当作村寨的精神财富，祖祖辈辈都将守护风雨桥当成自己的义务。老人们还说，这些孩子们从小就在风雨桥上长大，听老人们讲故事，行歌作月，唱侗族大歌，侗族大歌里就有一句歌词唱道“地坪花桥传万代”，爱护花桥、保护花桥的意识已经溶入他们的血液，成为他们生命中的一部分，因此他们为花桥做任何事情都如同呼吸般自然，无论花桥遇到任何危险，他们都会挺身而出。我想，文物保护的民众意识在地坪风雨桥的抢救行动中得到了最强烈的表达，只有当地民众与文化遗产建立起这样的情感联系，文化遗产才是最安全的。

上述两个农民群体保护文物的动人心弦的故事充分表明，我国广大民众是有觉悟和讲感情的。文化遗产保护作为一项利在当代，功在千秋的社会公益事业，需要动员广大民众的积极参与。许多珍贵文物的第一发现者和第一时间保护者就是普通民众。如果民众缺乏文物保护意识，没有采取基本的保护措施，这些珍贵文物就有可能无声无息地被破坏甚至毁灭。在当前受经济利益的驱使，盗掘古墓葬、非法走私文物十分猖獗的情况下，陕西农民兄弟重义轻利，使珍贵文物得到保护；在一些地方对历史文化街区、村镇大拆大建，使大量传统建筑惨遭损毁的情况下，贵州的农民兄弟拼死保护他们的“生命之桥”，使风雨桥得到重建。这些农民兄弟的行为应该受到全社会的尊重，国家应该对他们的行为给予表彰和奖励。于是决定在杨家村村口和地坪风雨桥桥畔，分别为两地保护文物的农民群体立一块朴素的碑，把他们的事迹记录下来。立碑之前我想需要看一下碑文，结果一看大吃一惊，大部分篇幅都是表扬各级领导，从省领导到市领导，从国家文物局领导到省文物局领导，最后一段才是表扬农民群体。我要求把表扬领导的部分全都去掉，只表彰农民的事迹，因为这些事迹本来就是农民们自发的壮举，就是农民们创造的奇迹，在碑的正面刻上农民群体的真实事迹，在碑的背面刻上每一位农民兄弟的名字，就是要告诉村庄的未来子孙，他们的前辈作出了值得骄傲，应该世代传诵的事迹。

在文化遗产保护的外延方面，我归纳了六个趋势。

第一个趋势是在保护要素方面，以往文物保护重视的是单一文化要素的保护，但是今天文化遗产保护，还要同时重视由文化要素与自然要素相互作用而形成的“混合遗产”“文化景观”保护的方向发展。文化遗产的产生和发展与所处自然环境密不可分。我国自古以来就崇尚人与自然和谐共处，崇尚天人合一，尊重人与自然的共同创造，因此我国的文化景观资源特别丰富，形成文化与自然遗产相互交融的重要特色。例如近年来相继成功申报世界文化遗产的五台山、西湖，还有即将申报成功的元上都，都是文化景观。

文化景观保护和影响的范围一般比较大，因此保护和申报世界文化遗产的过程也必然十分艰苦。例如五台山申报世界文化遗产时，对五台山寺庙建筑群周边地区进行整治，清理了历年积累下来的脏、乱、差环境，拆迁安置了1 000多个小门脸儿，包括小商店、小旅馆、小饭馆、小网吧、小歌舞厅，经过艰苦卓绝的努力，恢复了深山藏古刹的意境，使五台山申报世界文化遗产得以成功。

西湖申报世界文化遗产的过程更加动人。十年申遗路，保护了美丽的西湖。杭州市中心的地价、房价一度超过北京、上海、深圳，很多开发企业都希望在西湖附近获得一个开发项目，一定是天价销售，一本万利，但是，由于申报世界文化遗产成为全体市民的共同意志，所以在过去的10年间，西湖附近和“三面云山”的视线范围内开发项目均得到了严格控制。今天，无论是荡舟西湖之内，还是漫步苏堤、白堤，举目一望，都看不见任何一栋影响西湖文化景观和“三面云山”的新的建筑。简直就是奇迹！那么由于西湖申报世界文化遗产，城市发展受到影响了吗？没有！而是使城市发展更加坚决地从“西湖时代”走向“钱塘江时代”，“跳出老城、建设新城”，在钱塘江两岸规划建设了新的城市，有效缓解了城市建设对于西湖和历史城区的压力。

这张照片是明年将申报世界文化遗产的云南哈尼梯田，如果按照以往文物保护的观点，哈尼梯田不会被列入保护对象，而按照文化遗产的保护理念，哈尼梯田是人类与自然共同创造的文化景观。上千年以来哈尼族为了满足自身对粮食等生产生活用品的需要，充分利用亚热带山地优越的自然条件，辟梯田种稻谷，掘坡地植茶林，对具有一定坡度的山地综合利用，形成壮美的农业文化景观。这一生态环境体系包括由山顶的森林、山坡上的梯田和村落、山下的江河水系所构成的完整而独特的生态链，即由山顶的森林涵养水源，这一水源条件使山坡上形成规模巨大的人工湿地，造就遍布山坡的梯田，高达数百级，从河谷到山颠，宛如天梯，宏伟壮观。此外，这组照片，例如厦门的鼓浪屿、四川的藏羌碉楼、宁夏的西夏王陵等，都是人与自然共同创造的杰出的文化景观代表。

第二个趋势是在保护类型方面，以往文物保护重视“静态遗产”的保护，而文化遗产保护还要同时重视“动态遗产”和“活态遗产”

的保护。文化遗产并不意味着死气沉沉或者静止不变，它完全可能是动态的、发展变化的和充满生活气息的。许多文化遗产仍然在人们的生产生活中发挥着重要作用，充满着生机与活力。例如一些历史街区、江南水乡、传统村寨、民族村落，今天都变成了文化遗产的组成部分，但是与“静态遗产”保护不同的是，在这些历史街区和历史村镇中，人们仍然生活其中，人们和文化遗产在一起。除此之外，还有浙江杭州的龙井茶园，海南洋浦的千年盐田，河北聚馆的古贡枣园等，都已经作为“活态遗产”，而列入全国重点文物保护单位。袁隆平院士听说植物也能成为文物保护单位，就写信给国务院领导，希望将他们团队做了 37 年试验的杂交水稻田也申报为全国重点文物保护单位。我们去了位于湖南洪江的安江农校杂交水稻试验现场进行调研，建于当年的办公楼、教学楼、杂交水稻温室，鱼塘、早期杂交水稻试验田、捞禾深井、高温抗病鉴定圃等历历在目，见证了袁隆平及其科研团队的奋斗足迹，我们向国务院写了报告，安江农校杂交水稻纪念园成为目前最后一项全国重点文物保护单位。

第三个趋势是在保护空间尺度方面，以往文物保护重视“点”“面”的保护，从保护一个桥、一座塔，扩大到古建筑群，再扩大到历史街区、历史村镇，扩大到历史文化名城，保护规模已经很大。但是文化遗产保护的视野更加宏阔，向同时重视“大型文化遗产”和“线性文化遗产”保护的方向发展。文化遗产保护的视野已经从单个文物点，或古建筑群、历史文化街区、村镇，扩大到空间范围更加广阔的“大遗址群”“文化线路”“系列遗产”等。

我国有几条重要的文化线路，一个是大运河，国务院将一条正在流淌的、正在行洪的、正在航运的京杭大运河，列为全国重点文物保护单位，使文化遗产保护的视野开阔起来。此后隋唐大运河也加入了申报世界文化遗产行列，共涉及 8 个省（直辖市）35 座城市。比大运河规模更大的是丝绸之路，包括佛教丝绸之路、沙漠绿洲丝绸之路、草原丝绸之路，还有海上丝绸之路，是连接着全世界 97 个国家，大半个地球的系列文化线路，目前正在联合中亚国家共同申报世界文化遗产。前年我们启动了茶马古道文化线路的保护，包括云南、四川、西藏、青海、甘肃等广大地区。去年又启动了蜀道文化线路的保护，就是从陕西到四川的秦蜀古道。

这张照片是西藏芒康盐井盐田。2009 年夏天，我收到北京大学宿白教授的来信，信中写道："近闻云南古水电站，将上马修建，并将全部淹没西藏芒康盐井盐田，为此我深感痛心！"带着宿白先生所提出的问题，我们考察了西藏芒康盐井盐田的保护状况，芒康盐井海拔 2 300 米左右，盐田沿澜沧江岸边顺山势走向而建，制盐设施根据功能分为盐井、公共卤水池及晒盐作业区，其中晒盐田数以百计，均为土木结构，竖立联排并列木柱。站在澜沧江岸陡崖之上，遥望芒康盐田盐井，壮美的文化景观令人感到无比震撼，对千百年来各族民众在"世界屋脊"的辉煌文化创造充满敬意。芒康盐井盐田具有上千年的悠久历史，至今仍为当地藏族、纳西族民众传承沿用，是典型的活态文化遗产，而拟建中的古水水电站水库，将使芒康盐井盐田处于水库淹没区内。因此，我们建议另行考虑水库建设方案，不能因水库建设使珍贵的文化景观遗产遭到彻底破坏，同时将芒康盐井盐田申报全国重点文物保护单位。

近年来开始重视系列遗产的保护，例如在山西晋城、运城、长治、临汾一带，至今保存有相当数量的中国早期木结构建筑群，占全国保留至今的早期木结构建筑的 75% 左右，但是过去未能够引起足够的重视，2006 年以来，国家文物部门开始实施"山西南部早期古建筑群保护工程”，对105组宋、金、元时期的木结构建筑群进行保护修缮。涉台文物是我国“系列遗产”保护中的重要项目，是指能够直接反映台湾与祖国大陆地理、经济、民族、文化等关系，印证台湾自古以来就是我国领土不可分割的一部分的文化遗产。不同于通常按照年代、地域、类型、形制等的文化遗产分类，而是以文化遗产与台湾地域文化之间固有内在联系的认定为标尺，建立的一种新的文化遗产类型。据初步统计，全国共有涉台文物1 354处，主要分布在东南地区的福建、广东、浙江、江苏等省，同时在北京、南京、重庆等历史文化名城中也有不少遗存。2008年12月福建省涉台文物保护工程正式启动。

第四个趋势是在保护时间尺度方面，以往文物保护重视保护“古代文物”，后来开始重视保护“近代史迹”，但是文化遗产保护还要同时重视保护“20世纪遗产”“当代遗产”。过去一百年来，直至当前，我国社会生活的各个方面都在发生急剧变化，如不及时对现代文化创造加以发掘和保护，我们很可能将在极短的时间内忘却昨天的这段历史。

这张照片是克拉玛依油田的井架。对我们这一代人来说，当年为了新中国的经济建设，石油工人来到戈壁荒原建设大油田，使我国甩掉了贫油国的帽子，曾经有多少诗歌、多少歌曲，歌颂过高高井架耸入云天的文化景观。但是近年来这些井架很快就被“磕头机”所取代，因为人们并不把刚刚过去的历史见证物视为文物，于是井架几乎一夜之间就消失了，大都被切割以后回收钢铁，所幸在博物馆中保留了一座。例如现在我国各地博物馆中，收藏的20世纪20年代农民协会的牌子大约有70块，而“文化大革命”时期的牌子一直以来没有作为保护的对象，后来认识到从1958年第一个人民公社建立，当年就遍布全国各地，存在了20余年，因此人民公社的牌子也应该作为历史记忆的组成部分加以保留，于是全国上下寻找，只找到了2块。近年来开始重视20世纪遗产的保护，例如兰州市为列入全国重点文物保护单位的铁桥庆祝了一百岁的生日。今天，大庆第一口油井、大寨的梯田和村庄、核武器研制基地、酒泉卫星发射中心等也都进入了保护之列。

2007年3月，我陪同国务院领导到福建漳州女排训练基地，看望正在训练的中国女排队员，希望他们在2008年奥运会上取得好成绩。座谈时人们抱怨训练馆规模太小，已经使用了很多年，应该翻建一个更大规模的训练馆。出于专业本能，我里里外外仔细考察了这座中国女排腾飞馆，向工作人员了解情况，原来这是一座非常了不起的体育建筑，在这里培养出几代女排健将，铸就了光荣的女排精神。中国女排就是从这里出发，奔赴各地，夺得了震惊世界的"五连冠"，我们应该保留住这段光荣的历史，可以在另一地点建设新的训练馆，这一建议得到采纳。

第五个趋势是在保护性质方面，以往文物保护重视宫殿、寺庙、纪念性建筑等重要史迹及代表性建筑，但是文化遗产保护还要同时重视反映普通民众生产生活方式的民间文化遗产保护。例如对乡土建筑、工业遗产、老字号遗产的保护。这些过去被认为是普通的、大众的而不被重视，但是它们是文化多样性的重要表现形式。

这组照片是江南造船厂，江南造船厂始建于1865年，其前身是江南机器制造总局，是我国民族工业的发祥地和摇篮。为了造船工业的发展，江南造船厂将整体乔迁至新厂址。同时上海成功获得了2010年世界博览会的举办权，由于江南造船厂的工业、仓库设施位于世界博览会的核心区域，因此江南造船厂工业遗产的去留引人注目。为此我于 2008 年全国政协会议上提出《关于江南造船厂作为重要工业遗产加强整体保护的提案》。上海市重视政协提案，组织专家进行论证，但是论证结果认为只有 13 栋江南造船厂的早期建筑应该保护，而其他建筑不值得保护。显然论证是以“文物保护”的理念，而没有以“文化遗产保护”的理念看待工业遗产的保护。对此我表示了不同意见，我认为应该整体保护江南造船厂的生命历程，例如这栋 29 米高、投资数亿元建造的大型厂房，虽然刚刚建成几年，但是它是江南造船厂 140 年历史的最后辉煌，不应该让它变成建筑垃圾。同时，保护工业遗产建筑并不会影响世界博览会的成功举办，这些高大厂房都会在世界博览会期间派上用场。后来上海市重新研究了政协提案的答复意见，决定保护江南造船厂 75% 的建筑。在世界博览会举办期间，江南造船厂旧址成为一个博物馆群，其中那栋 29 米高的大型厂房成为船舶馆，还有世界博览会博物馆、城市足迹馆等都利用了江南造船厂的厂房。前年年底国际博物馆协会大会在上海召开，俞正声书记和韩正市长说江南造船厂工业遗产将成为一个博物馆群。

始建于 1919 年的首钢，距今已有 90 年的历史。首钢 90 年的发展历程，实际上就是我国近现代工业发展的缩影。国务院对首钢实施搬迁方案的批准，为首钢工业遗产保护提供了难得机遇，但同时也带来了重大挑战。在这一搬迁、调整、整治过程中，首钢工业遗产将面临重要抉择，成为既紧迫又不可回避的现实问题。2009 年，全国政协会议上我又提交了《关于将首钢老工业区作为工业遗产整体保护的提案》，呼吁整体保护首钢工业遗产，保留住北京 20 世纪“工业记忆”，实现工业遗产保护与经济社会发展的和谐互动与共存。全国政协贾庆林主席对提案作出重要批示，得到北京市政府的积极落实。

第六个趋势是在保护形态方面，以往文物保护主要重视“物质要素”的保护，而今天还要同时重视由物质要素与非物质要素结合而形成的文化遗产保护的方向发展。物质与非物质文化遗产的区分只是其文化的载体不同，二者所反映的文化元素是统一和不可分割的。因此，必然是相互融合，互为表里。例如羌笛、黎锦、哈尼族稻田耕作技术、傣族泼水节，以及汉族的过年习俗等，都作为文化遗产加以保护。

今天，文化遗产保护的视野不断扩展，从可移动遗产到不可移动遗产，从文化遗产到自然遗产，从静态遗产到活态遗产，从大型遗产到线性遗产，从历史遗产到当代遗产，从物质遗产到非物质遗产，使博物馆工作视野也更加开阔，使更多的文化遗产纳入了博物馆的抢救保护之列。

近年来，博物馆建设与发展出现了新的面貌，各地省级博物馆几乎全部进行了新建、扩建，藏品保管、科学研究和陈列展示水平不断提升，各地市也纷纷建设现代化的博物馆，出现了一批优秀的博物馆建筑。从 2009 年起，我国进入了 3 天建成一座博物馆的时代，甚至有的资料统计，去年建成开放了 395 座博物馆，也就是平均一天就建成一座博物馆。

面对全国博物馆快速发展的形势，我们应该进行冷静的分析，寻求博物馆事业可持续发展之策。今天博物馆不仅是知识的殿堂、城市的客厅，而且还应该是精神的家园、文化的绿洲。因此博物馆文化应该更多地融入社会生活，应该鼓励博物馆的多样化发展。在博物馆的类型方面，应该积极推进以下十类博物馆的建设。一是专业类博物馆，就是鼓励各行各业建设自己系统的博物馆，例如交通博物馆、化工博物馆、水利博物馆等，保存不同专业领域的文化信息。二是民俗类博物馆，就是结合非物质文化遗产保护，保护和展示地域文化资源和特色，例如戏曲博物馆、会馆博物馆、皮影博物馆等，活态保护民间文化遗产。三是民族类博物馆，我曾在全国政协提案中呼吁每一个少数民族都应该至少有一座博物馆，以保存本民族的文化记忆。四是高等院校博物馆，为保护藏品资料和教学需要，越来越多的高等院校建设了博物馆，至今已有160多座，这些博物馆应争取向社会开放。五是民办博物馆，就是由社会力量利用民间收藏的文物、标本、资料等依法设立的博物馆，以弥补国有博物馆所忽视的藏品结构空白，丰富博物馆的门类和体系。但是由于起步晚，我国民办博物馆无论数量还是品质均存在较大差距，因此应加大扶植和推动的力度。六是旧址博物馆，即利用历史建筑、工业厂房、名人故居建设的博物馆，不但使文物建筑得到保护和合理利用，而且形成自身的博物馆文化特色。七是遗址博物馆，事实上从半坡遗址博物馆，到秦始皇兵马俑博物馆，再到汉阳陵遗址博物馆，我国在考古遗址博物馆建设方面始终走在世界前列，近年来大遗址保护和考古遗址公园建设的开展，为遗址博物馆的发展提供了机遇，涌现出了一批优秀的遗址博物馆，这一趋势还将继续。八是生态博物馆，过去主要在我国西部少数民族地区进行实践，近年来面对东部农村地区生态环境的迅速变化，也开始在东部农村地区开展生态博物馆的建设，例如浙江安吉就取得了一些实践经验。九是社区博物馆，经过一系列疾风暴雨式“旧城改造”之后，面对已经解体的社区邻里结构，通过社区民众的共同努力，重新整合社区文化资源，其中福州三坊七巷的社区博物馆成为先行实践的成功范例。十是数字博物馆，今天青少年习惯于数字生活，为了使博物馆文化得到更广泛的传播，数字博物馆的建设方兴未艾。以上所列举的博物馆类型中，后5种类型实际上都不是传统意义上的博物馆馆舍，是在“大千世界”中建设的博物馆类型。当然，还有一些特殊的博物馆类型，例如整体打捞“南海一号”沉船建设的博物馆，为保护白鹤梁遗址建设的世界上第一座深水博物馆，都显示出我国保护文化遗产的决心和智慧。

今天我国博物馆事业快速发展，功能在延伸，价值在提升，能量在汇集，实力在壮大，博物馆事业应该踏上新的台阶，加速科学化发展的进程。因此，我认为当前应该及时调整发展思路，实现发展模式从“数量增长”走向“质量提升”，实现社会职能从“馆舍天地”走向“大千世界”。

文化保护视野应顺时而变[1]

（2012 年 5 月 15 日）

与悠久的人类文明史相比，真正意义的文化遗产保护则只是短暂的一瞬，但是纵观这一充满艰难和曲折的保护历程，人们可以从中发现鲜明的发展趋势，就是随着时代的发展，保护内涵越来越广泛，保护范围越来越广阔，保护内容越来越丰富，保护行动与社会生活的关联度越来越高。

文化遗产保护内涵的深化促使人们从更广阔的视野、更深入的角度去分析和梳理文化遗产之间的内在联系，探索和建立新的文化遗产类型和相应的保护方式、手段、体系。近几年，文化遗产保护领域对保护对象的概念认识呈现出新的发展变化，文化遗产的保护领域也呈现出了不断扩大的趋势。

在文化遗产的保护要素方面，从重视单一文化要素的保护，向同时重视由文化要素与自然要素相互作用而形成综合要素保护的方向发展。例如兼具文化和自然复合特征的“双重遗产”、由文化要素与自然要素相互作用而形成的“文化景观”，均成为国际社会加大保护的对象。中国自古即有“天人合一”的思想，崇尚人与自然的和谐共处，因此中国许多名山大川都是人文胜景荟萃之处。1987 年联合国教科文组织自然遗产协会考察泰山时，发现泰山不仅符合

① 此文发表于《北京观察》2012 年第 5 期。

世界自然遗产的标准，同时也符合世界文化遗产的标准。泰山的申报丰富了世界遗产的内容，从此也改写了世界遗产的分类，即在以往世界文化遗产和世界自然遗产之外，又添加了“世界文化与自然双重遗产”这一新品类。

在文化遗产的保护类型方面，从重视现已失去原初和历史过程中使用功能的古迹、遗址等“静态遗产”的保护，向同时重视仍保持着原初或历史过程中的使用功能的历史文化街区、历史文化村镇、工业遗产和农业遗产等“动态遗产”和“活态遗产”保护的方向发展。文化遗产并不意味着死气沉沉或静止不变，它们完全可能是动态的、发展变化的、充满活力的和具有生活气息的。如今，遍布全国的历史街区、村镇中的传统建筑都在被使用，但是如果将其从生活中割裂出来，却并不能达到很好的效果。我认为，保护并不是要冻结现状，而是要让它们融入现代生活之中，继续发挥作用，这也是继承和延续传统文化、地域文化，实现文化遗产保护可持续发展的必然选择。

在文化遗产的保护空间尺度方面，从重视文化“点”“面”的保护，向同时重视因历史和自然相关性而构成的“大型文化遗产”和“线性文化遗产”等文化遗产群体保护方向发展。文化遗产保护的视野扩大到空间范围更加广阔的“遗产地”“文化线路”和“系列遗产”等，甚至文化遗产的空间尺度还在向跨地区、跨国家的方向发展。文化线路代表了早期和此前人类的运动路线，并将人类活动的中心和节点联系起来，体现着文化的发展历程，是不同时期民族发展历史在大地上的烙印，但是如今许多文化线路早已成为“散落的明珠”，失去了应有的文化内涵。只有通过文化线路才能将这些散落的明珠重新串联起来，将文化与自然要素重新整合，构成区域尺度上价值无限的文化“宝石项链”，成为未来人们开展生态教育、文化休闲以及科学家考察的最佳场所。

在文化遗产保护的时间尺度方面，从重视“古代文物”“近代史记”的保护，向同时重视“20世纪遗产”“当代遗产”的保护方向发展。每一个历史时期都有其独特的文化背景，形成独特的文化风格。仅就北京的近现代而言，清朝末期、民国时代、新中国成立之初、“文革”时期、改革开放以来，以及21世纪初都展现出不同的特征，都不可相互替代。只有留住这一部分文化遗产，城市才具有丰富的年轮，才会充满记忆。但是，随着多年来的城市化发展，一些修建于晚清、民国时期的学校、厂矿、名人故居等，或因年久失修而损毁，或在城市建设中遭到拆除。即使被誉为“国庆十大工程”的经典建筑华侨大厦，也因诸多原因早已被新的宾馆建筑所取代，留下永久的遗憾。直到近年来，针对现代建筑的隆隆爆破声，人们才开始醒悟。北京市在审议《北京历史文化名城保护条例》草案时，去掉“历史建筑”中的“历史”二字，表明在文化遗产保护理念上发生了重要的变化，即强调今后对文化遗产的保护，将主要考虑其本身的价值，而不仅仅凭它的年代。

文化遗产是一个内涵十分深刻并且不断丰富的概念。进入新世纪以来，人类对文化遗产价值的认识日益深化，文化遗产保护的领域日益扩大，这无疑是一种进步。但是同时我们也应当看到限于我们的认识水平，许多变化和发展的趋势没有被充分研究，许多文化遗产没有得到应有的重视，进而导致大量的文化遗产没有纳入我们的保护视野。我们的事业还任重而道远。

当然，无论是基本概念的界定，还是保护准则的研制，以及传承人制度的设立等，还都在积极探索、求证和尝试。虽然这还不能表示我们的事业走入成熟，但其魅力无限的发展前景却早已显露无遗。

首都规划核心价值观[①]

（2012 年 12 月 20 日）

刚才，石楠秘书长说来参加今天的论坛之前，不太清楚会议的内容，在这一点上我比较幸运，事先阅读了“首都规划核心价值观”活动的相关内容，包括《北京市规划委员会关于深入学习实践北京精神开展“首都规划核心价值观”认识实践活动的通知》，也包括《首都规划核心价值观大家谈交流选编》，整整看了一个晚上，很受启发，也很感慨，实实在在地看到了今天首都规划工作者的精神风貌。通过阅读这些材料知道了北京市规划委员会开展“首都规划核心价值观”认识实践活动，就是希望通过开展系列讨论活动，开展系列报告活动，开展系列建言活动，广泛征求意见建议，努力形成具有号召力、凝聚力、引导力的首都规划核心价值观。

“首都规划核心价值观”这个题目的提出，就很有智慧，很有磁性。价值观决定发展模式，价值观决定发展质量，甚至在某种程度上，价值观决定事业成败。那么，首都规划核心价值观，应该成为北京城市规划建设的灵魂，也应该是引领城市发展的动力，从这个意义上讲，今天的讨论意义重大。看了刚才的短片，我更感到这项活动的过程非常美丽，引人入胜。一方面，通过活动的开展给在热情工作的规划管理人员一次冷静思考的机会，另一方面，为关心

① 在“首都规划核心价值观”专家论坛上的发言。

北京规划建设的广大社会公众提供建言献策的有效平台。

我认为，核心价值观应该不是权宜之计，是战略思考，是管长远的，例如最近中国建筑学会组织召开了纪念“经济、适用、美观”的建筑方针制定60周年的座谈会，这个方针在新中国成立初期提出，今天看来还应该继续坚持。《文物保护法》确立了文物工作方针，即“保护为主、抢救第一、合理利用、加强管理”，这个方针也是管长远的，必须一直坚持下去。正是因为这些体现核心价值观的方针，都是结合我们的国情，结合我国历史发展阶段的实际，广泛征求社会各界意见后加以凝练，因此具有强大的生命力。

刚才黄艳主任谈到了城市规划要更多地为未来世代着想、更多地为弱势群体考虑，谈到了城市规划的本质和终极目的。由此我也联想到当前我国的保护工作正在经历从“文物保护”走向“文化遗产保护”的历史性转型。今年我们通过大量的理论探讨和具体实践在体会“文化遗产保护”和“文物保护”有什么不同。实际上无论在内涵的深化，还是在外延的拓展方面，两者都有很多不同，其中最大的差别是价值观的问题。一个是世代传承性，一个是社会参与性。

这里所说的世代传承性，就是强调文化遗产的创造、发展和传承是一个历史过程。每一代人都既有分享文化遗产的权利，又要承担保护文化遗产并传于后世的历史责任。未来世代同样有权利传承这些文化遗产，与历史和祖先进行情感和理智的交流，吸取智慧和力量。因此，作为当代人，我们并不能因为现时的优势而有权独享，甚而随意处置祖先留下的文化遗产。我们不仅要为自己不遗余力地保护这些珍贵的文化财富，在传承和守望的同时适当地加以利用，也要为子孙后代妥善保管，传之久远，“子子孙孙永葆用”。

这里所说的公众参与性，就是强调文化遗产保护并不仅仅是各级政府和保护工作者的专利，更是广大民众的共同事业，每个人都有保护文化遗产的权利和义务。随着我国经济社会事业的迅速发展，民众自觉参与文化遗产保护等社会公共事务的意识逐渐增强，参与的范围和深度日益扩大。文化遗产保护工作者不能仅仅专注于通过保护工程和技术手段遏制文化遗产本体以及周边环境的恶化，而忽略了重建民众与文化遗产之间的情感联系。我们必须尊重和维护民众与文化遗产之间的关联和情感，保障民众的知情权、参与权、监督权和受益权。

以上这些在文化遗产领域发生的认识变化，在今天城市规划领域的反映更加突出。城市规划是为了创造良好的人居环境，是通过合理配置公共资源，保护人文与自然环境，维护社会公平，弥补市场失灵的重要手段，它的根本目的不仅是建设一个环境优美的功能城市，更在于建设一个社会和谐的文化城市。同时，城市规划管理是一项复杂的系统工程，但其实质是人作用于城市发展的过程，应肩负起对未来城市的责任。通过城市规划管理不但要为人们提供一个工作方便、生活舒适，环境优美、安全稳定的物质环境，而且要为人们提供一个安静和谐、活泼快乐、礼让互助、精神高尚的文化环境。

我刚参加北京城市规划工作的时候，当时首都规划建设委员会办公室宣祥鎏主任、北京市城市规划管理局刘小石局长就反复告诉我们在城市规划管理中要坚守北京的城市性质，后来北京市规划建设委员会赵知敬主任、北京市城市规划管理局平永泉局长、北京市城市规划研究院柯焕章院长等几位老领导也反复告诉我们要坚持北京的城市性质，即“首都北京应是全国的政治中心、文化中心”，“北京是国内外著名的文化古都，必须认真加以保护”，这两句话根深蒂固地印在我们那一代北京规划工作者的脑子里。

城市性质在一定程度上决定着城市规划价值观。当然城市性质也很难做到一成不变，北京城市性质在新中国成立以来就有过不少变化，例如 1949 年就提出“首都应该是一个大工业城市”，1953 年更提出“首都应该是经济中心和强大的工业基地”，反映出当时对首都城市性质认识的局限性。但是对于一座城市，特别是国家首都，有一些认识需要长久加以坚持，不应轻易加以改变。例如“北京是全国的政治中心、文化中心，是世界著名的文化古都”，这些就需要长久加以坚守。

今天，我们国家提出要建设一个更加繁荣的国家、更加民主的国家、更加文明的国家、更加和谐的国家，还要建设成为更加美丽的国家。新的历史时期，北京又结合发展实际，进一步提出北京是“国家首都、国际城市、文化名城、宜居城市”。无论是城市性质，还是规划核心价值观，贵在具有特色。讨论价值观也需要有特色，不能只是一些华丽辞藻的堆砌与罗列。因此，我们讨论“首都规划核心价值观”也需要突出自身的特色。只有具有特色才是不可替代的，只有唯一性才能获得长久的生命力。

核心价值观的确立需要长期的实践检验，并在历史上和现实中发挥着异常重要的作用。通过对核心价值观的概括和提炼，可以使更多的市民理解和接受城市规划和管理的追求，转化为每一位城市规划管理工作者和广大民众的文化自觉。当前，越来越多的城市发展实践证明，城市文化是建设和谐城市的重要基础，是城市竞争力的核心内容，是城市创新发展的强大动力，影响并决定着城市发展的前景和方向。从传统的“功能城市”到今天的“文化城市”，文化已经成为城市生活中举足轻重的关键元素。

核心价值观是城市文化的重要内核，是对城市文化积淀进行提升的结果。每一座历史性城市，特别是文化古都，都有自己城市最值得珍惜的文化资源，例如在安阳就是殷墟、在郑州就是商城、在西安就是周秦汉唐时期的遗址群、在杭州就是西湖和临安城遗址，在北京当然离不开故宫古建筑群和历史城区。北京的建设要反映出中华民族的悠久传统、灿烂文化和大国首都的独特风貌。唯有如此，才能实现保护文化古都的核心价值。在这里，我想介绍一个通过文化遗产保护成果，提升城市规划核心价值观的典型案例。

这个案例是西湖成功申报世界文化遗产。杭州西湖，从一个由自然的、生态的湖泊，演进为一个文化形态的湖泊，在我国山水类文化景观的研究方面具有重要意义。西湖是人们心中美丽的精神家园。两千年间，人们对西湖的疏浚、治理，以及保护、加工，从来没有中断过，形成具有“两堤三岛”的整体格局和“三面云山一面城”的空间环境特征。西湖之美，是自然的鬼斧神工与人类的无穷智慧共同缔造的结晶，更得益于历代先贤因势利导、因地制宜的文化创造，折射出千年以来文化积淀的无穷魅力。

西湖申报世界文化遗产的过程非常感人。十年申遗路，保护了美丽的西湖。西湖申报世界文化遗产的十年，正是杭州市经济社会蓬勃发展的十年，“上有天堂，下有苏杭”，西湖周边土地和房屋的经济价值，无疑具有巨大的吸引力和诱惑力。杭州市中心的地价、房价一度超过北京、上海、深圳，很多开发企业都希望在西湖附近获得一个开发项目，一定能够实现天价销售，获得一本万利的经济效益。但是，由于申报世界文化遗产成为全体市民的共同意志，所以在过去的 10 年间，西湖周边和“三面云山”的视线范围内的开发项目均得到了严格控制。

2002年以来，杭州连续多年实施西湖综合保护工程，实现“还湖于民”。西湖核心区内常住人口减少7 000余人，水域面积扩大，景观绿地增加，使“一湖两塔三岛三堤”的西湖全景重返人间，取得明显的生态效益和景观效益。通过综合保护实践充分证明，保护西湖,不仅仅是保护已有的景点、景区,不是就事论事,而是立足高远，着眼于西湖文化景观的全面通盘考虑。“要用几何级数的眼光看问题，而不能简单地用加减法来看问题”。

近年来，杭州市为保护西湖文化景观，对“三面云山一面城”的历史格局采取了严格的控制措施，对水质保护、水域恢复、茶园保护、遗产展示等都作出了卓有成效的努力,并已取得了显著的成果。杭州文化古都的身份越来越被强调，在解决文化景观遗产保护与发展的矛盾中一路探索，按照“保老城、建新城”的理念和“两疏散、三集中”的思路，把保护的重点放在老城区，把建设的重点放在新城区，不仅使老城区和西湖文化景观遗产得到了更好保护，而且有力地推动了城市沿江跨江发展。

今天，无论是荡舟西湖之内，还是漫步苏堤、白堤，举目一望，都看不见任何一栋影响西湖文化景观和“三面云山”的新的建筑。简直就是奇迹！即使在申报世界文化遗产的过程中，国际组织和专业咨询机构的审核十分严格，但是对于西湖文化景观的文化价值和保护状况无可挑剔。在第35届世界遗产委员会会议上，西湖文化景观获得没有争议的全票通过，其评价之高、发言之热烈，为世界遗产委员会会议所罕见。那么由于西湖申报世界文化遗产，城市发展受到影响了吗？没有！而是使城市更加坚决地从“西湖时代”走向“钱塘江时代”，“跳出老城、建设新城”，在钱塘江两岸规划建设了新的城市。

杭州西湖文化景观成功列入《世界遗产名录》，杭城欢腾，举国同庆。在感受成功的喜悦和激情之时，人们也更加关注西湖未来的可持续保护与发展。杭州市在申报世界文化遗产成功后，立即提出了西湖保护的“六个不”和“五个坚持”的明确要求，设立了杭州西湖世界文化遗产监测管理中心，通过全面、持续和科学的监测，及时掌握西湖文化景观以及区域内各类文化遗产的发展变化，实现信息化、精细化、智能化管理，实现世界一流水平的世界文化遗产监测，在国内外产生了很好的影响，为今后我国世界文化遗产的申报与管理树立了新的标准和典范，用实际行动宣示中国政府保护世界文化遗产的正确理念和坚定决心，也将有力地促进西湖文化遗产保护和地方经济社会的可持续发展。

西湖

今年，北京市也提出将北京中轴线申报为世界文化遗产的目标。我认为这一决定意义深远。北京历史城区是世界城市建设史上的瑰宝，其中明清北京城7.8公里传统中轴线文化景观和风貌特色，构成了北京历史城区灿烂的文化景观和淳厚的文化神韵。当然，古都北京保护还有更多内容，例如明清北京城“凸”字形城市轮廓和宫城、皇城、内城、外城四重城廓遗址，历史河湖水系和传统园林绿化，历史城区原有棋盘式道路骨架和传统街巷格局，“胡同—四合院”建筑形式和传统民居，历代考古遗址和地下文化遗存，平缓开阔的空间形态和天际轮廓线，以及传统习俗、文化空间和非物质文化遗产等各方面。北京悠久的历史，灿烂的文化，必然孕育出具有自身特色的核心价值观，而保护古都风貌、传承历史文化，应该是“首都规划核心价值观”的重要内容。

北京历史城区是城市发展之源，城市文脉之源，历史城区的每一方土地，每一寸肌理，每一道天际轮廓线中，都承载着北京城市的生命与性格、历史与记忆。其中北京故宫古建筑群无疑是古都北京文化遗产资源的核心内容，是重要的世界文化遗产。但是，长期以来缺乏对北京历史城区突出价值的整体评估与保护。由于城市功能过度聚集，造成历史城区整体保护的重重困难，盲目拓宽道路，建设高楼大厦，对城市肌理、道路格局和天际轮廓线造成持续破坏。同时，由于大拆大建的改造方式，造成文化遗产和古都风貌的持续破坏，导致历史城区中大量四合院、胡同、街巷及生态环境不断被蚕食；由于缺乏日常修缮和基础设施更新，造成广大民众生活质量的亟待改善。

城市文化是社会文明在城市的缩影，是社会和谐在城市的集中表现。“以人为本”和“科学发展观”既是治国谋略，更是城市文化的精髓，是实现社会和谐、诚信、责任、尊重、公正和关怀的保证。将这一文化精髓贯彻到城市发展的各项事业中去，才能创造和谐城市，实现文化与经济发展的良性循环。同时，城市环境是城市社会、经济、自然的复合系统。城市环境与城市的生态发展密切相关，具有高度的敏感性。好的城市环境不但可以保证人们的身体健康，而且可以激发人们的积极性和创造性。我认为今天研究城市环境的基点，应该是如何使人与城市更好地相融，城市如何既宜人居住，又宜人发展。

适宜居住是和谐城市的重要特征，也是“以人为本”在城市建设、管理中最直观的反映和要求。2005 年 1 月，国务院正式批复《北京城市总体规划（2004 年—2020 年》。此次总体规划在国内首次明确提出了“宜居城市”的概念。随后，全国各地许多城市都以此作为未来城市的建设发展目标。将城市目标定位为适宜居住，体现了城市建设和发展从“以物为中心”向“以人为中心”的转变，不仅关注城市的物质生产、经济积累以及城市各方面的建设在数量上的增长，更关注文化的发展，关心人的发展成长，重视和发挥人的作用。

适宜居住就是要以市民的全面发展和身心愉悦为中心进行规划建设，而不是片面地追求“政绩工程”“形象工程”。不仅要有舒适的居住条件、良好的生态环境、富有活力的工作氛围、完备的基础设施、完善的社会保障、安全的社会治安与和谐的人际关系，更重要的是城市文化的继承和培育。通过保护城市赖以产生和发展的历史人文环境，尤其是城市文化遗产的各种物质和非物质的表现形式、环境景观、空间范围，提高市民对城市的亲切感、满意度，为人们提供更多的精神享受和情感慰藉。这就对城市的管理者和决策者提出了更高的要求。

城市是人类文化的最高体现和重要结晶。一个城市的发展既取决于经济实力，也取决于文化实力。城市竞争力是一个综合概念，既包括经济竞争力，也包括文化竞争力。当前，文化竞争力对城市发展的影响与作用越来越突出，成为推动城市经济社会可持续发展的重要力量。今天，城市文化的力量正取代单纯的物质生产和技术进步而日益占据城市经济发展的主流。在物质增长方式趋同、资源与环境压力增大的今天，城市文化逐渐成为城市发展的驱动力，体现出较高的经济社会价值。这也是城市文化得到各国城市政府关注和重视的主要原因。与提升文化硬实力相比，提升文化软实力的任务更为艰巨。

要加强北京城市文化软实力，就要以弘扬民族精神、树立共同理想为核心，让城市保持鲜明的文化特征。传统文化是增强古都北京认同感和凝聚力的重要内容，是激励首都北京不断开拓前进的强大的精神力量。北京作为一座有着 50 万余年人类发展史，3 000 余年城市建设史、800 余年都城建设史的辉煌城市，需要从全局的角度研究北京文化遗产的空间分布规律和整合关系，将孤立散存的文化遗产点状和片状结构，变成更具保护意义的网状系统，充分发挥出文物建筑、文化遗址和历史街区对提升历史城区整体价值的重要作用，创新行政管理机制，从城市格局和宏观环境上，探索“以保护促发展”的北京历史城区整体保护和发展战略思路。

同时，北京城市的发展，不仅要有对文化遗产的传承，还要有对新的城市文化的开拓和创造，应该有创新的能力，能够不断创造出属于自己的新的文化，这样才能始终保持活力。保护与发展可以统一起来，而且必须统一起来。但是，也应该看到保护传统文化本身就是现代化城市建设的不可或缺的重要组成部分。北京的文化遗产包含了更多随着时代迁移与变革而被人们忽视或忘却的文化记忆，只有唤起这些记忆，才能使一代代市民真正懂得北京文化整体的内涵与意义。古都北京的延续发展需要保护自己的“根”与“魂”，文化创新的高度往往取决于对“根”与“魂”发掘的深度。

21 世纪的人类文明主要是城市文明。在城市规划建设中鲜明地提出“首都规划核心价值观”，注重城市人文生态的平衡和发展，在发展特色城市、魅力城市上下功夫，以突出城市综合竞争力中的文化竞争力，校正当前城市建设中忽视文化的弊端。鲜明的文化个性是北京城市文化的魅力所在，也是北京文化的生命力和竞争力之所在。因此，保护北京城市传统文化和文化遗产，发掘和彰显北京城市的文化特色和个性，成为增强城市的吸引力、凝聚力和竞争力的有效途径。就此而言，深厚的文化积淀是形成“首都规划核心价值观”的重要源泉。

迎接世界文化遗产保护事业的战略转型①

（2013 年 4 月）

自 20 世纪 70 年代以来，世界遗产保护及其相关问题成为国际社会十分关注的领域，鉴于这一体系的先进性、普遍性和规范性，很快得到国际社会普遍认同，并获得日益扩大的影响。这一保护体系中的世界文化遗产则是具有突出普遍价值，并受到严格保护的文化遗产对象。我国对文化遗产这一概念的引入并实际运用，是在 20 世纪 80 年代，特别是 1985 年我国政府加入《保护世界文化和自然遗产公约》，1987 年故宫等 6 项遗产被列入《世界遗产名录》，实现世界遗产零的突破以后，通过世界文化遗产的申报等项工作，使文化遗产的概念逐渐引起社会广泛关注和普遍接受，并得到迅速普及，成为对我国既有文物保护体系产生较大影响的，既相互联系，又有明显区别的又一保护体系。

近年来的实践使我们深刻认识到，世界文化遗产不是在时间和空间上凝固不变的对象，而是一个博大的系统、一个发展的概念、一个开放的体系、一个永恒的话题。对于世界文化遗产保护的认识也一直处于发展变化之中，不断被检验、被证明、被修正、被丰富，在实践之中产生出更符合实际的新的内容。因此，我们对于世界文化遗产保护的理念，既不可能脱离特定的时空而形成，也不可能抛

① 此文发表于《北京文博文丛》，2013 年第 1 辑，第 1 页。

开人们对文化遗产价值的判断来认识。特别是在保护实践中需要处理好以下几个方面的关系。

一、“政府保护”与“全民保护”的关系

我们面对的文化遗产保护对象，往往经过了数十年、上百年，甚至上千年风雨历程而有幸留存至今，其本体往往早已满目疮痍，其原生环境也发生了天翻地覆的变化，特别是当地民众与文化遗产之间的相互关联和文化情感也日趋淡漠。虽然，我们可以通过保护技术和工程手段竭力遏制文化遗产及周围环境的进一步破坏和恶化，但是如何避免当地民众与文化遗产之间的感情疏远，也应是文化遗产保护的责任。因为这种感情疏远造成民众与文化遗产之间距离感的加大，将严重影响文化遗产事业的持久健康发展。

近年来，我国列入《世界遗产名录》的文化遗产不断增加，就其保护规模来看，有向大型化、系列化发展的趋势。其中无论是大型考古遗址，还是城市历史中心；无论是文化线路，还是文化景观，都比以往文物保护的内涵和外延有所深化和扩展，与广大区域的民众生活更为密切。因此，文化遗产保护是一项庞杂而系统的社会工程，不仅需要文物工作者和文物管理部门以“守土有责”的精神承担起责任，更需要广大民众的积极支持与配合。

与有些学科不同，文化遗产保护的性质和内容决定了它无法成为一门孤芳自赏的学科，而必然受到广大民众的关注。为此，文化遗产保护工作者需要与民众进行平等交流，积极向民众讲述文化遗产的过去、今天和未来，用平民化的方式说明自身工作的意义，让民众了解文化遗产与他们今天物质与精神生活之间的密切关联，使文化遗产保护能够为民众所理解。文化遗产是全民族共同的历史资

产，只有民众共同的、持之以恒的自觉守护，才能培植出它应有的尊严，有尊严的文化遗产，才能成为全民族的恒久财富。

长期以来，我国政府是最强有力的保护主体，“自上而下”的保护机构和行动贯穿于文化遗产的保护事业之中。相比之下，调动民众的积极性加强文化遗产的保护,早已成为世界各国的普遍做法。特别是一些发达国家，在政府的引导下，民间力量对文化遗产保护发挥着越来越重要的作用。1979 年，国际古迹遗址理事会澳大利亚委员会通过了《巴瑞章程》，在吸收《威尼斯宪章》精神的同时，强调古迹遗址的价值不仅包括其物质形式本身，而且包括其内容对社区的意义。

今天，珍惜和保护文化遗产的境界与能力，已成为国际社会对国民素养的评价标准之一，而要做到这一点，必须使民众在生产、生活中不断加强对文化遗产价值和意义的了解,增强自觉保护意识，进而影响和带动更多的民众来关注、参与文化遗产的保护。要积极倡导民众有权力成为文化遗产保护的知情者和受益人的理念，在历史文化街区和历史文化村镇保护等工作中，在考古发掘和文物建筑修缮等工程中，在博物馆建设和陈列展示等事业中，都应该积极取得广大民众，特别是当地居民的理解和参与。

世界文化遗产是一个宽广的领域，它既是历史的，又是现实的，更是将来的。但是我们不能不看到它往往会被包装得高深、虚玄、甚至神秘。实际上，文化遗产是大众的，它们为大众所创造，也为大众所利用。尤其是在当前，文化遗产既面临“前所未有的重视”，亦面临“前所未有的破坏”，大规模的城市化进程和空前的基本建设过程中，每一处文化遗产的兴衰，无不和民众的利益息息相关，无不牵动着千家万户。只有大量当地民众积极投入到维护自己的文化遗产的事业之中，变“少数的抗争”为“共同的防御”，文化遗产保护事业才能大为改观。

二、“单体保护”与“整体保护”的关系

文化遗产依赖于背景环境而存在，它们的保护和保留如同树木和土壤的关系一样，树木失去了土壤，就失去了生存的条件，就失去了生机，就变成了枯树。有背景环境的烘托，文化遗产才能彰显其历史、艺术和科学价值，才能真正成为城市文明的载体，才能受到社会的尊重，人们的珍爱，国家的保护。反之，失去背景环境的文化遗产，就不能反映或不能全面反映其应有的价值,甚至会成为孤立的“盆景”。因此，文化遗产与背景环境的关系，应该是个体与整体、局部与全部的关系。如果损毁了文化遗产的背景环境，不仅文化遗产的价值大大降低，它的延续时空也将大大压缩，甚至危及自身安全。

世界文化遗产保护应遵循国际社会的普遍原则，特别是真实性和完整性的原则。真实性原则,就要求不得改变文化遗产的历史原状，要尽可能地保护文化遗产所拥有的全部历史信息。维修的目的是使其“延年益寿”而不是“返老还童”。进行必要地维修时必须采用原材料、原工艺，所添加的部分必须具有可逆性，必要时可以还其本来面目。完整性原则，就要求将文化遗产及其周边环境作为一个整体，保护不仅限于其本身，还要保护其周边环境，特别对于历史城区、历史文化街区更要保护好整体环境,这样才能体现出历史原貌。

文化遗产的背景环境，是全面反映文化遗产价值的整体，是其生存的土壤。保护背景环境与保护文化遗产本体同样重要。各类文化遗产的保护范围都是很有限的，它们不能涵盖文化遗产的背景环境，许多历史沿革、历史事件、历史面貌，均与其背景环境密切相关，

如果文化遗产的背景环境受到损害或消失，文化遗产的完整性及其本身价值也必然受到损害，它所反映的历史环境和历史文化内涵，也将处于孤立的、局部的和不完整的状态。

我们常看到一些历史文化街区，由于周围布满高楼大厦，漫步其中，犹如井底观天，难以体现原有的文化意境。一些传统建筑群，由于周围开发成繁华的商业网点或集贸市场，致使这些传统建筑群的背景环境所反映的历史地位、民族风格、地理形胜以及建筑风水等丧失殆尽。尽管一些文化遗产本身得到了保护和修缮，但是仍然丧失了往日的光彩，其原因就在于文化遗产周边环境被破坏，直接影响了文化遗产本体所依托的社会生活方式或者是文化传统基础，直接导致文化遗产本体价值的损害。

国际社会从 1964 年的《威尼斯宪章》到 1994 年的《奈良真实性文件》，都侧重于对文物本体的保护。在我国，现行的《文物保护法》和历史文化名城保护制度中，也偏重于对文物范围内各项历史要素的保护，仅在确定保护范围的同时，根据需要设立一定规模的建设控制地带或缓冲区来控制其周围环境，有的城市公布了若干历史文化街区，所有这些远远不能满足维护我国历史性城市的真实性与完整性的需要，致使上百座国家历史文化名城都受到不同程度的破坏，其中一些严重的已经面目全非。

2005 年 10 月，国际古迹遗址理事会第 15 届大会通过的《西安宣言》提出对文物建筑、文化遗址和历史区域的周边环境进行保护，以减小城市化进程对文化遗产真实性、完整性和多样性的破坏。宣言强调在具体的文物保护实践中，需要通过规划手段和实践来保护和管理周边环境，使对文化遗产的保护，扩展到更大的甚至城市总体的空间范围。侯仁之院士认为："国际古迹遗址理事会大会提出历史建筑的重要性和独特性来自人们所理解的其社会、精神、历史、艺术、审美、自然、科学或其他文化价值，也来自它们与其物质的、视觉的、精神的以及其他文化的背景和环境之间的重要联系。这一点非常重要。”

三、“文化遗产”与“文化资源”的关系

今天人们在深入思考和研究，积极保护和合理利用文化遗产对城市经济和社会发展的贡献和促进作用。现存的文化遗产是一部物化了的城市发展史，是城市灿烂文化的稀世物证和重要载体，是市民与遥远祖先联系、沟通的物质渠道，这些深层价值是难以用经济价值衡量的。文化遗产事业对国民经济和社会发展的贡献往往并不是简单投入和直接产出的关系，相对于一些传统的行业如工业、农业、商业，文化遗产事业的贡献难以直接统计，特别是与一些新兴产业相比，巨大的综合效益更不容易使人们清楚地认识。

因此，需要填补长期以来缺乏文化遗产事业的综合贡献测算标准和体系的空白，使文化遗产事业在社会上确立应有的地位，让社会更加理解、支持文化遗产事业。正确认识文化遗产事业对国民经济和社会发展所作出的贡献，还将为各级政府及相关机构提供决策依据，从而实现文化遗产保护事业与社会经济的同步发展。尽管文化遗产的形态特征各有殊异，价值作用各有所别，但是均要按其不同的特征与属性，实施相应的保护措施，包括开展文化遗产的普查、登记、记录、整理、展示、研究、传承、利用等措施，实现继承和弘扬文化遗产的目的。

尽管文化遗产因其深刻丰富的文化内涵为世人所珍视，受到国家的保护，但在人们认识、理解和利用它们之前，并不能自行转变

为可以为人类生存服务的文化资源。随着原有生产、生活方式的消失，一些文化遗产对于现代人来说甚至难以理解，它们的文化内涵在未被解释的状态下无法自行显示，也无法转化为文化资源。文化遗产机构和专家通过对文化遗产进行系统的收集整理、深入的研究，并采取生动通俗的方式向社会传播，正是这一系列努力，创造了文化遗产向文化资源转化的条件，文化遗产的文化内涵不仅得以保留，而且得以广泛传播。

值得注意的是，文化遗产保护包括物质的和精神的两方面内容。人们对文化遗产的轻视，往往是因为对于文化遗产的认识过于物质化。因此，关于文化遗产保护，长期以来存在两种不正确的看法，一种认为文化遗产必然是当代城市发展的弃物，保留只是暂时的，当城市发展需要时必然会让路于“现代化开发”，目前这种观念经常会被来自城市决策者的言论或者开发商的行为所证实；另一种认为文化遗产保护和城市发展是一对不可调和的矛盾，城市发展势必要牺牲文化遗产，城市决策者能够做到的只能是将这种牺牲降低到最低程度。应该说，这些认识既是缺乏正确城市发展理念，也是对文化遗产缺乏正确价值判断造成的。

如果只把文化遗产当作一种物质，我们就会随心所欲地处置它；如果把它视为一种珍贵的精神，我们就会永远守卫着它，以它为伴，以它为荣，甚至把它作为生命的重要的一部分。同时，文化遗产不属于我们这一代人，我们无权定夺他们的命运，我们只是后人委托的文化遗产保管人。保护世界文化遗产也不仅是为了保存珍贵的历史遗存，用于展览、旅游、开展文化活动，更为重要的是留下人类文明发展进程中的精华，保护历史传统文化的载体，从中滋养出新时期的文化精神。

颐和园

文化遗产资源是一个城市文化品位的重要表现，是一个城市文化个性的生动体现。对于一座城市来讲，保护文化遗产不仅仅是为了获得文明程度的标志，而是为城市的未来保存历史，为城市的发展保存资源。一座城市经济越发达，社会文明程度和现代化水平越高，保护文化遗产就越显重要。城市现代化的方方面面都不可能凭空而降，它的每一项因素都离不开文化，历史与现代是继承与发展的关系。一个文化本位的城市，是有价值的城市，同时，这个城市的经济发展也必然充满活力。因此，文化遗产应该作为城市发展的文化资本，作为创造文化城市的基础。

四、“合理利用”与“可持续利用”的关系

在文化与社会的公共性日益加强的今天，文化遗产不应该只是少数专业工作者呵护的对象，不应“锁在深闺人未识”，而应当融

入文化和社会，在保护中利用，在利用中进一步诠释和丰富它的历史科学艺术和社会价值。在城市化加速进程中，文化遗产更无法藏身于世外桃源或之外于当代社会，保护也不意味着与民众和当代生活的隔绝与封闭。因此，保护文化遗产不排斥对其合理利用，而且合理利用是最好的保护。但是，保护永远是第一位的，只有在保护的基础上，才能谈上合理利用。

从世界历史性城市的发展趋势看，文化遗产保护与城市现代化发展并不矛盾，处理得好反而相辅相成、互相促进。如果仅仅把文化遗产当作是一件珍稀物品“保留下来”是不够的，更重要的是发掘文化遗产中的精髓，为人类现代生活服务。文化遗产只有通过适当地发挥作用，通过特定的方式被大众所关注与分享，才会使文化遗产事业具有更加旺盛的生命力。在物质文化比较发达、精神需求日益增长的当代社会，经过适当规划和管理的文化遗产利用，无疑是对文化遗产积极保护的方式。

嘉峪关关城

文化遗产应该在被观赏、被分享中被保护、诠释和延续。文化遗产合理利用具有广阔的前景，并将对人类社会的可持续发展作出更大贡献。人们已经越来越认识到文化遗产的多重价值的重要性和必要性。世界各国政府在制定相关文化政策时，不可回避地要考虑投资维护文化遗产可能带来的综合效益。人们普遍认为，利用文化遗产向国际社会提供各种文化消费服务，不仅能提高人类社会的生活质量，更好地履行保护文化遗产事业使命，同时还能提高社会就业率，提高广大民众收入。

文化遗产是一个城市的底蕴，文化底蕴是否深厚，不仅在于我们曾经拥有过多少灿烂文化，更在于我们今天还能拥有、感受到多少优秀文化遗产，特别是保护、传承、利用好已有的文化遗产。处理好保护与利用、学术研究与发展旅游的关系，就能得到可观的综合效益。现代旅游不仅是一般的看山、看水、看古建筑，而是要看历史、看文化、看特色。随着旅游从走马观花式的观赏旅游逐步过度到体验、品味和参与型旅游，文化旅游正在成为旅游活动的主体，而文化旅游的主要内容就是寻觅文化遗产的踪迹。

据世界旅游组织预测，到2020年，我国将成为全球入境旅游第一大国。通过文化遗产旅游所实现的经济价值只是它的最表层价值，文化遗产的经济社会价值还应综合评价。文化遗产管理的重要目的之一，是向文化遗产所在地及旅游者宣传保护的重要性和必要性。使人人都能够方便地接触到文化遗产并理解文化发展的意义是十分重要的，由于有了这种接触与理解，人们就会意识到对文化遗产的尊重、对文化遗产所代表的文化的尊重，以及对文化遗产所在地和文化遗产拥有者的利益和平等权利的尊重，是人类共同的义务。

世界文化遗产保护绝对不仅只是为了以赚钱为目的的旅游或娱

乐，而是对历史记忆的学习重温，是国民素质教育的重要内容。文化遗产涉及国家的文化身份认同，从社会学的意义上说，它们被视同为共有的信仰和情感，是维持社会秩序的文化角色和身份，是国家或城市的核心情感和象征。因此，我们有理由说世界文化遗产是一个民族及其文化的身份证。保护文化遗产所需要的行政管理水准，是国家现代化的训练过程，这些目的超过单纯的文化遗产本体保护的范围。

把故宫完整地交给未来[1]

（2013 年 12 月 3 日）

说到北京，有一处充满了故事的地方，就是昔日的紫禁城，今日的故宫博物院。这片只有 1.06 平方公里的土地，有着多样性的文化身份，既是一处世界文化遗产地，也是一处文化旅游目的地，还是一座享誉全球的博物馆。

为什么同一处地点，承担着如此多样的文化责任，主要缘于它所拥有的文化资源。故宫博物院有三项堪称世界级的文化资源，第一是拥有世界上规模最大的木结构建筑群，也是最大规模的古代宫殿建筑群。故宫博物院内壮美的建筑，严谨的形制，绚丽的彩绘，生动的空间，精美的装饰，典雅的园林，丰富的景观，构成整体和谐的文化环境。

第二是拥有世界上保存数量最多、价值最高的中国文物藏品。经过全面系统的普查整理，故宫博物院的文物藏品数量从近 100 万件增加到 1 807 558 件（套），其中珍贵文物 1 684 707 件，占院藏文物总数的 93.2%，占全国国有馆藏珍贵文物的 41.98%, 可以说是一部浓缩的 5 000 年中华文明史。

第三是拥有世界博物馆领域数量最为庞大、结构最为复杂的观众群体。10 年前的 2002 年，故宫博物院的观众数量是 700 万人，

① 此文发表于《人民日报海外版》，2013-12-03（5）。

当时世界上观众数量最多的博物馆是法国罗浮宫博物馆，10 年以后，2012 年故宫的观众增长了一倍，达到 1 500 多万，成为世界上唯一一座观众数量超过 1 000 万的博物馆。

2020 年，对于故宫博物院来说极具象征意义。1420 年明代永乐皇帝肇建的气势恢宏的紫禁城落成。也就是说，再过 7 年，即 2020 年紫禁城就要迎来 600 岁的生日。更为重要的是，在 2020 年，经国务院批准的故宫博物院两项重大文化工程将同时竣工。

一是故宫整体修缮工程。这项工程从 2002 年开始实施，计划用 18 年的时间，至 2020 年基本完成故宫古建筑群的整体修缮。这项工程的意义，一方面使故宫古代建筑群能够恢复它的健康状态，益寿延年。另一方面使故宫博物院的开放范围逐渐扩大。在整体保护修缮工程开始之前，由故宫博物院对观众开放范围占紫禁城的 30%，到 2020 年“故宫整体修缮”工程完成之日，观众开放范围将达到 76%，这也是故宫博物院有信心应对不断增长的观众数量的一个重要原因。

二是平安故宫工程。这项工程今年 4 月获得批准，将历时 8 年时间，也是计划到 2020 年完成。平安故宫工程的近期目标，是争取用 3 年时间，在 2015 年，即故宫博物院成立 90 周年之时，有效消解目前存在的防火、防盗、防雷、防震、防踩踏等方面的重大安全隐患。平安故宫工程的中长期目标，是用 8 年时间，在 2020 年，即紫禁城建成 600 年之时，基本实现故宫博物院进入安全稳定的健康状态，全面提升管理和服务水平，迈进世界一流博物馆行列。

这两项史无前例的重要文化遗产保护工程，完成的节点都是 2020 年。希望通过这两项重要文化工程的顺利实施，能实现“把壮美的紫禁城完整地交给下一个 600 年”的理想。